PARIMAD LOODUSLIKUD KOOGID KOKARAAMAT

100 tervislikku koogiretsepti terviseteadlikele

ANNE LEPPIK

Autoriõigus materjal ©2023

Kõik õigused kaitstud

Ühtegi selle raamatu osa ei tohi mingil kujul ega vahenditega kasutada ega edastada ilma kirjastaja ja autoriõiguse omaniku nõuetekohase kirjaliku nõusolekuta, välja arvatud ülevaates kasutatud lühikesed tsitaadid. Seda raamatut ei tohiks pidada meditsiiniliste, juriidiliste või muude professionaalsete nõuannete asendajaks.

SISUKORD

SISUKORD 3
SISSEJUHATUS 6
TOORKOOGID 7
   1. Põhiline jahuta kook 8
   2. Apelsini-mandli kook 10
   3. Vaarika-sidruni unistus 12
   4. Maasikakook 14
   5. Kookoskook Nutella sarapuupähklikastmega 16
   6. Šokolaadi-kirsikook 18
   7. Minikakaovahukoogid 20
   8. Mini porgandikoogid apelsiniga 22
   9. Šokolaadi-avokaado toorkook 24
   10. Vaarika-sidruni toorjuustukook 26
   11. Matcha piparmündi toorkook 28
   12. Kookose mango toorkook 30
   13. Mustika vanilje toorkook 32
   14. Maapähklivõi-banaani toorkook 34
   15. Porgandikook kreemja india pähkli koorega 36
   16. Mandlirõõmu toorkook 38
   17. Pekanipähklipiruka toorkook 40
   18. Lavendli mee toorkook 42
PUUVILJAPÕHISED KOOGID 44
   19. Maasika-banaanikaerakook 45
   20. Mustika-sidrunijogurtitort 47
   21. Mango-kookose-chia seemnekook 49
   22. Tagurpidi ananassitort 51
   23. Õuna-kaneeli-pähklikook 53
   24. Vaarika mandlikort 55
   25. Kiivi-laimi kookoskook 57
   26. Virsiku-ingveri-kurkumikook 59
   27. Blackberry Lemon mooniseemnekook 61
   28. Apelsini mango kookoskook 63
KÖÖGIVILJAPÕHISED KOOGID 65
   29. Bataadi-šokolaadikook 66
   30. Porgand-suvikõrvitsa kook 68
   31. Apelsini peedikook 70
   32. Spinati-banaanikook 72

33. Kõrvitsa-vürts-lillkapsakook 74
34. Suvikõrvits ja õunakook 76
35. Tagurpidi spinati ja ananassi kook 78
36. Kala- ja banaanikook 80
TÄISTERAKOOGID **82**
37. Täistera banaanipähklikook 83
38. Kaerahelbe-mustika-sidrunikook 85
39. Quinoa šokolaadi-suvikõrvitsa kook 87
40. Speltajahust porgandikook 89
41. Tatramarja hommikusöögikook 91
42. Teffi datlitort 93
43. Amarant-kookose-laimikook 95
44. Sorgo piparkook 97
SUHKRUVABAD KOOGID **99**
45. Tervislikum sidrunikook 100
46. Madala suhkrusisaldusega šokolaadivõileivakook 103
47. Maroko apelsini ja kardemoni kook 105
48. Suhkruvaba sidrunikook 107
49. Suhkruvaba banaani-pähklikook 109
50. Suhkruvaba mandlijahust apelsinikook 111
GLUTEENIVABAD KOOGID **113**
51. Graham Crackeri juustukook 114
52. Sidruni-kookose koogikesi 116
53. Šokolaadikihi kook 118
54. Sidruni- ja mustikapetipiimakoogid 121
55. Šokolaadist vaarikakoogid 124
56. Lihtne kollane kook 126
57. New York-Style juustukook 128
58. Üksikud Key Laimi juustukoogid 131
59. Double Chocolate Fudge juustukook 134
60. Mehhiko šokolaadikook 137
61. Vahemere ploomi-ploomikook 140
62. Mandli ja apelsini jahuta kook 142
63. Apelsini- ja oliiviõlikook 144
64. Šokolaadivahukook 146
65. Šokolaadirullikook 149
66. Sidruni-mooniseemnekook 152
67. Mustika-laimikook 155
68. Seesami sidruni kruusikook 157

69. Kaneelirulli kruusikook 159

VEGAN KOOGID 161

70. Snickerdoodle'i tassikoogid suhkruga võikreemiga 162
71. Unistavad koorega täidetud šokolaadikoogid 165
72. Ice Cream Sundae Cupcake koonused 168
73. Bataadi- ja kohvipruunid 171
74. Šokolaadi-kommi juustukook 173
75. Küpsised ja koorekoogid 175
76. Küpsetatud maasika-vanilje pähklid 177
77. Glasuuritud mustika Streuseli kohvikook 179
78. Banaanipudingi kook 182
79. Porgandikook toorjuustukreemiga 184
80. Topeltšokolaaditorte 186
81. Röstitud kookosekihi kook 189
82. Tort kruusis 192
83. Kastani-kakao kook 194
84. Schwarzwaldi kook 196
85. Pumpkin Dump Cake 199
86. Deeply Delish külmutatud šokolaadikook 201

KÜPSETAMATA KOOGID 204

87. Küpsetamatu rummikook 205
88. Küpsetusvaba seitsmekihiline kook 207
89. Küpsetusvaba šokolaadikreemikook 209
90. Küpsetamatu puuviljakook 211
91. Küpsetamatu matzohi kihiline kook 213
92. Küpsetusvaba kirsikreemi kook 215
93. Küpsetusvaba mangokookoskook 217
94. Küpsetusvaba maapähklivõi šokolaadikook 219
95. Küpsetusvaba maasika limonaadikook 221
96. Küpsetamiseta küpsisepurune juustukook 223
97. Küpsetamatu ananassi šifooni juustukook 225
98. Küpsetusvaba munatoorjuustukook 227
99. No-Bake Philly suvejuustukook 229
100. Küpsetamatu aprikoosi šifooni juustukook 231

KOKKUVÕTE 233

SISSEJUHATUS

Tere tulemast parimad looduslikud koogid kokaraamat kokaraamatusse, kulinaarsesse teekonda, mis on mõeldud terviseteadlikele inimestele, kes otsivad täiuslikku tasakaalu mõnulemise ja heaolu vahel. See kokaraamat tähistab looduse pakutavaid hüvesid, esitledes 100 tervislikku koogiretsepti, mis mitte ainult ei rahulda teie magusaisu, vaid toidavad ka teie keha. Neid lehti sirvides valmistuge avastama maailma, kus dekadents ja terviseteadlikud valikud ühinevad maitsvateks ja süütundevabadeks maiuspaladeks.

Selle kokaraamatu filosoofia seisneb veendumuses, et tervise poole püüdlemine ei pea olema maitse ohverdus. Loodus pakub hulgaliselt tervislikke koostisosi, mis oskuslikult kombineerituna annavad koogid, mis pole mitte ainult maitsvad, vaid vastavad ka teie heaolueesmärkidele. Alates iidsetest teradest kuni looduslike magusaineteni – iga retsept annab tunnistust ideest, et enda ravimine võib olla toitev kogemus.

Liituge meiega sellel kulinaarsel seiklusel, kus uurime alkeemiat, kuidas muuta lihtsad looduslikud koostisosad erakordseteks kookideks. Teekond ei ole ainult küpsetamine; see uurib, kuidas terviseteadlikke valikuid saab sujuvalt põimida veetlevate magustoitude kangasse. Olenemata sellest, kas olete kogenud pagar või köögis algaja, parimad looduslikud koogid kokaraamat on teie teejuht traditsiooniliste kookide ümberkujundamiseks, keskendudes tervisele, maitsele ja rõõmule, mida iga suutäie maitsta annab.

Olgu see kokaraamat inspiratsiooniallikaks teie küpsetamistöödeks, muutes teie köögi ruumiks, kus heaolu ja mõnulemine ühinevad maitsete sümfooniaks. Defineerime uuesti süütundevaba maiuse tähenduse, üks koogiviil korraga.

TOORKOOGID

1.Lihtne jahuta kook

KOOSTISOSAD:
- 3 tassi pähkleid, näiteks kreeka pähkleid, mandleid või brasiilia pähkleid
- ¼ teelusikatäit meresoola
- 1 tass kivideta Medjooli datleid, pakitud
- 1 spl alkoholivaba vaniljeekstrakti
- 1 kuni 2 supilusikatäit agaavisiirupit (valikuline)

JUHISED:
a) Pane pähklid ja sool köögikombaini ning purusta pähklid tükkideks. Lisage datlitükid, mitte üks suur tükk, ja vanilje. Töötle, kuni pähklid haakub kleepuvate datlitega ja moodustavad koogitaina.

b) Katsetage tainast, haarates peotäiest ja pigistades, et see koos püsiks. Kui see ei ole piisavalt kleepuv, lisa veel paar datlit või 1–2 supilusikatäit agaavisiirupit ja töötle, kuni see püsib koos.

2.Apelsini-mandli kook

KOOSTISOSAD:
- 1 retsept Põhiline jahuta koogisegu, valmistatud mandlitest
- ½ retsept Apelsinidest valmistatud põhiline puuviljakaste
- 1 apelsin, ilma kivideta ja segmenteeritud (eemaldage kogu koor ja südamik)
- ¼ tassi kuivatatud kookospähklit, jahvatatud pulbriks

JUHISED:
a) Jaga koogisegu kaheks võrdseks osaks. Vormi käsitsi kaks tordiringi. Või vooderdage esmalt väike koogivorm kilega, seejärel vajutage vormi moodustamiseks üks osa tainast sisse. Pöörake vormitud kook vormist välja ja eemaldage plastik. Korrake sama teise taignaosaga.
b) Asetage esimene ring taldrikule ja lisage apelsini puuviljakaste ja segmenteeritud apelsiniviilud. Tõsta peale teine koogiring. Kasutage traatsõela, et puista kooki pealmine osa kookospulbriga.
c) Külmkapis säilib 3-4 päeva.

3.Vaarika-sidruni unistus

KOOSTISOSAD:
- 1 retsept Põhiline jahuta koogisegu, mis on valmistatud teie lemmikpähklist
- ½ retsept Basic puuviljakaste, valmistatud sidruniga
- 1½ tassi vaarikaid

JUHISED:
a) Jaga koogisegu kaheks võrdseks osaks. Vormi käsitsi kaks koogiringi. Või vooderdage esmalt väike koogivorm kilega, seejärel vajutage vormi moodustamiseks üks osa tainast sisse. Pöörake vormitud kook vormist välja ja eemaldage plastik. Korrake sama teise taignaosaga.
b) Asetage esimene ring taldrikule ja valage peale sidrunipuuviljakaste ja 1 tass vaarikaid. Tõsta peale teine koogiring ja ülejäänud vaarikad.
c) Külmkapis säilib 3-4 päeva.

4.maasika kook

KOOSTISOSAD:
- Värsked punased maasikad ja magus vahukoor on kihiti niiske jahuta tordi vahele.
- 1 retsept Põhiline jahuta koogisegu, mis on valmistatud teie lemmikpähklist
- 1 partii India pähkli vahukoort
- 1½ tassi viilutatud maasikaid

JUHISED:
a) Jaga koogisegu kaheks võrdseks osaks. Vormi käsitsi kaks tordiringi. Või vooderdage esmalt väike koogivorm kilega, seejärel vajutage vormi moodustamiseks üks osa tainast sisse. Pöörake vormitud kook vormist välja ja eemaldage plastik. Korrake sama teise taignaosaga.
b) Tõsta esimene ring taldrikule ning tõsta peale vahukoor ja pool maasikatest. Tõsta peale teine koogiring, ülejäänud kreem ja ülejäänud maasikad.
c) Külmkapis säilib 3-4 päeva.

5.Kookoskook Nutella sarapuupähklikastmega

KOOSTISOSAD:

- Vaniljejahuta kook on täidetud rikkaliku sarapuupähkli šokolaadikastme, vaniljevahukoore ja hakitud mandlitega. See on jäätunud vaniljekreemiga ja kaetud hakitud kookospähkliga.
- 1 retsept Põhiline jahuta koogisegu, mis on valmistatud teie lemmikpähklist
- 1 retsept India pähkli vahukoor
- 1 spl alkoholivaba vaniljeekstrakti
- 1 retsept Nutella sarapuupähklikaste
- 1 tass jämedalt hakitud mandleid
- ½ tassi purustatud kuivatatud kookospähklit

JUHISED:

a) Jaga koogisegu kaheks võrdseks osaks. Vormi käsitsi kaks koogiringi. Või vooderdage esmalt väike koogivorm kilega, seejärel vajutage vormi moodustamiseks üks osa tainast sisse. Pöörake vormitud kook vormist välja ja eemaldage plastik. Korrake sama teise taignaosaga.
b) Sega vahukoor vanilliekstraktiga.
c) Aseta esimene koogiring taldrikule. Vala peale šokolaadi-sarapuupähklikaste, seejärel pool vaniljevahukoorest ja seejärel hakitud mandlid. Tõsta peale teine koogiring, ülejäänud vaniljekreem ja riivitud kookospähkel.
d) Külmkapis säilib 4-5 päeva.

6. Šokolaadi-kirsi kook

KOOSTISOSAD:
- 1 retsept Põhiline jahuta koogisegu, mis on valmistatud teie lemmikpähklist
- 2/3 tassi kakao- või jaanileivapulbrit
- 1 retsept Värske puuviljamoos, valmistatud kirssidest
- 1 tass kivideta poolitatud kirsse
- 1 retsept India pähkli vahukoor

JUHISED:
a) Lisage kakao oma koogisegule ja segage hästi. Jaga koogisegu kaheks võrdseks osaks.
b) Vormi käsitsi kaks tordiringi. Või vooderdage esmalt väike koogivorm kilega, seejärel vajutage vormi moodustamiseks üks osa tainast sisse.
c) Pöörake vormitud kook vormist välja ja eemaldage plastik. Korrake sama teise taignaosaga.
d) Asetage esimene ring taldrikule. Kõige peale tõsta kirsimoos, pool kirssidest, seejärel pool vahukoort. Tõsta peale teine koogiring, ülejäänud kreem ja ülejäänud kirsid.
e) Külmkapis säilib 3-4 päeva.

7.Mini kakaovahukoogid

KOOSTISOSAD:
KOORIK:
- 2 tassi seemneid ja/või pähkleid
- 1/2 tassi datleid, kivideta ja tükeldatud
- 1/4 tassi kookosõli, sulatatud
- 1 näputäis soola

VAHT:
- 6-10 avokaadot
- 1 1/4 tassi kakaopulbrit
- 1 1/4 tassi mett või agaavi
- 2 tilka piparmündi eeterlikku õli

JUHISED:
KOORIK:
a) Töötle seemned ja/või pähklid S-teraga köögikombainis peeneks. Võimalik ka käsitsi tükeldamine!
b) Sega kausis kõik kooriku koostisosad ja sõtku kleepuvaks ja tainaks.
c) Suru vedruvormi, kattes põhja ühtlaselt.

VAHT:
a) Aseta kõik vahu koostisained S-teraga köögikombaini ja töötle umbes viis minutit.
b) Veenduge, et kõik oleks hästi ühendatud ja siidiselt sile.
c) Vala mousse vormi ja pane 8 tunniks külmkappi.
d) Külmkapis säilib hästi paar päeva.

8.Mini porgandikoogid apelsiniga

KOOSTISOSAD:
- 1 tass datlimoosi – 50/50 kivideta datlid ja
- 1 tass apelsinimahla
- 1/2 tassi vett
- 3 tl kookosõli
- 2 tl agaavi või mett
- 1/2 tl vaniljepulbrit
- 1/2 tassi rosinaid
- 1 tl ingverit, värskelt pressitud või peeneks hakitud või pulbrina
- 2 tl vürtsisegu
- 1 tl apelsini koort
- 1 tl muskaatpähklit
- 1 tl soola

GLASE:
- 1/4 teelusikatäit soola
- 1/2 tassi india pähkleid

JUHISED:
a) Purusta mandlid köögikombainis S teraga või taignarulliga raskes kilekotis.
b) Sega suures kausis kõik koogi koostisosad.
c) Mõõda 1/3 tassi portsjoneid kõvadele küpsetusplaatidele ja vormi neist umbes 10 mm paksused ringid.
d) Kuivatage u. 6 tundi, eraldage fikseeritud plaatidelt ja kuivatage veel 2 tundi.
e) Kook on valmis, kui see on väljast krõbe ja seest niiske.
f) Püreesta kõik glasuuri koostisosad kiirblenderis ja määri kookidele. Võid lasta kookidel paar tundi külmikus taheneda.
g) Kaunista riivitud porgandiribade ja riivitud muskaatpähkliga.
h) Ilma glasuurita säilib külmikus 2 päeva.

9.Šokolaadi-avokaado toorkook

KOOSTISOSAD:
- 2 küpset avokaadot
- 1 tass datleid, kivideta
- 1/2 tassi toorkakaopulbrit
- 1/4 tassi kookosõli, sulatatud
- 1 tl vaniljeekstrakti
- Näputäis soola
- 1 tass mandlijahu

JUHISED:
a) Sega köögikombainis avokaadod, datlid, kakaopulber, sulatatud kookosõli, vaniljeekstrakt ja sool ühtlaseks massiks.
b) Lisage mandlijahu ja kaunvilja, kuni see on hästi segunenud.
c) Suru segu vooderdatud koogivormi.
d) Hoia külmkapis vähemalt 4 tundi või kuni taheneb.
e) Enne serveerimist kaunista hakitud pähklite või marjadega.

10. Vaarika sidruni toorjuustukook

KOOSTISOSAD:
- 2 tassi tooreid india pähkleid, leotatud üleöö
- 1 tass datleid, kivideta
- 1/2 tassi kookosõli, sulatatud
- 1/4 tassi vahtrasiirupit
- 1 tass värskeid vaarikaid
- 2 sidruni koor ja mahl

JUHISED:
a) Sega leotatud india pähklid, datlid, sulatatud kookosõli ja vahtrasiirup ühtlaseks massiks.
b) Lisa vaarikad, sidrunikoor ja sidrunimahl. Blenderda, kuni see on hästi segunenud.
c) Vala segu vetruvasse vormi ja silu pealt.
d) Hoia külmkapis vähemalt 6 tundi või kuni taheneb.
e) Enne serveerimist lisa veel vaarikaid.

11. Matcha piparmündi toorkook

KOOSTISOSAD:
- 2 tassi tooreid mandleid
- 1 tass datleid, kivideta
- 3 spl kookosõli, sulatatud
- 2 tl matcha pulbrit
- 1 tl piparmündi ekstrakti
- Näputäis soola

JUHISED:
a) Sega mandlid, datlid, sulatatud kookosõli, matcha pulber, piparmündiekstrakt ja sool, kuni moodustub kleepuv tainas.
b) Suru segu koogivormi.
c) Jahuta külmkapis 3-4 tundi või kuni taheneb.
d) Lõika viiludeks ja puista enne serveerimist üle matcha pulbriga.

12.Kookose mango toorkook

KOOSTISOSAD:
- 2 tassi hakitud kookospähklit
- 1 tass mandleid
- 1 tass datleid, kivideta
- 1 tass värsket mangot, tükeldatud
- 1/4 tassi kookosõli, sulatatud

JUHISED:
a) Sega purustatud kookospähkel, mandlid ja datlid muredaks.
b) Suru segu koogivormi põhjale.
c) Püreesta mango blenderis ühtlaseks, seejärel sega hulka sulatatud kookosõli.
d) Vala mangosegu koorikule.
e) Enne viilutamist hoia vähemalt 4 tundi külmkapis.

13.Mustika vanilje toorkook

KOOSTISOSAD:
- 2 tassi india pähkleid, leotatud üleöö
- 1 tass datleid, kivideta
- 1/2 tassi kookosõli, sulatatud
- 1/4 tassi vahtrasiirupit
- 1 tass värskeid mustikaid
- 1 tl vaniljeekstrakti

JUHISED:
a) Sega leotatud india pähklid, datlid, sulatatud kookosõli ja vahtrasiirup ühtlaseks massiks.
b) Lisa mustikad ja vanilliekstrakt. Blenderda, kuni see on hästi segunenud.
c) Vala segu koogivormi ja silu pealt.
d) Hoia külmkapis vähemalt 6 tundi või kuni taheneb.
e) Enne serveerimist lisa veel mustikaid.

14. Maapähklivõi banaani toorkook

KOOSTISOSAD:
- 2 tassi tooreid maapähkleid
- 1 tass datleid, kivideta
- 3 küpset banaani
- 1/2 tassi maapähklivõid
- 1/4 tassi kookosõli, sulatatud
- Näputäis soola

JUHISED:
a) Blenderda maapähklid ja datlid, kuni moodustub kleepuv tainas.
b) Suru segu koogivormi põhjale.
c) Sega blenderis banaanid, maapähklivõi, sulatatud kookosõli ja sool ühtlaseks massiks.
d) Vala banaanisegu koorikule.
e) Enne serveerimist hoia vähemalt 3 tundi külmkapis.

15. Porgandikook kreemja india pähkli koorega

KOOSTISOSAD:
- 2 tassi hakitud porgandit
- 1 tass kreeka pähkleid
- 1 tass datleid, kivideta
- 1 tl jahvatatud kaneeli
- 1/2 tl jahvatatud muskaatpähklit
- 1 tass india pähkleid, leotatud üleöö
- 1/4 tassi kookosõli, sulatatud
- 2 spl vahtrasiirupit
- 1 tl vaniljeekstrakti

JUHISED:
a) Sega purustatud porgandid, kreeka pähklid, datlid, kaneel ja muskaatpähkel, kuni moodustub tainas.
b) Suru segu koogivormi põhjale.
c) Sega blenderis leotatud india pähklid, sulatatud kookosõli, vahtrasiirup ja vaniljeekstrakt kreemjaks.
d) Määri india pähkli koorega porgandipõhjale.
e) Enne viilutamist hoia vähemalt 4 tundi külmkapis.

16. Mandlirõõmu toorkook

KOOSTISOSAD:
- 2 tassi mandleid
- 1 tass datleid, kivideta
- 1/2 tassi hakitud kookospähklit
- 1/4 tassi kookosõli, sulatatud
- 1/4 tassi toorkakaopulbrit
- 1/2 tassi mandlivõid
- 1/4 tassi vahtrasiirupit
- Näputäis soola

JUHISED:
a) Blenderda mandlid, datlid, riivitud kookospähkel ja sulatatud kookosõli muredaks.
b) Suru segu koogivormi põhjale.
c) Sega kausis toorkakaopulber, mandlivõi, vahtrasiirup ja sool, kuni see on hästi segunenud.
d) Määri koorikule šokolaadimandlisegu.
e) Enne serveerimist hoia vähemalt 3 tundi külmkapis.

17.Pekanipähklipiruka toorkook

KOOSTISOSAD:
- 2 tassi pekanipähklit
- 1 tass datleid, kivideta
- 1/4 tassi kookosõli, sulatatud
- 1/4 tassi vahtrasiirupit
- 1 tl vaniljeekstrakti
- Näputäis soola

JUHISED:
a) Sega pekanipähklid, datlid, sulatatud kookosõli, vahtrasiirup, vaniljeekstrakt ja sool, kuni moodustub kleepuv tainas.
b) Suru segu koogivormi põhjale.
c) Tõsta külmkappi vähemalt 3 tunniks või kuni taheneb.
d) Enne serveerimist lisa veel pekanipähklid.

18.Lavendli mee toorkook

KOOSTISOSAD:
- 2 tassi tooreid india pähkleid, leotatud üleöö
- 1 tass mandleid
- 1/2 tassi datleid, kivideta
- 1/4 tassi kookosõli, sulatatud
- 1/4 tassi mett
- 1 tl kuivatatud lavendli pungad (toidukvaliteediga)

JUHISED:
a) Sega india pähklid, mandlid, datlid, sulatatud kookosõli, mesi ja kuivatatud lavendlipungad ühtlaseks massiks.
b) Suru segu koogivormi põhjale.
c) Hoia külmkapis vähemalt 4 tundi või kuni taheneb.
d) Kaunista enne serveerimist täiendavate lavendlipungadega.

PUUVILJAPÕHISED TORID

19.Maasika-banaani kaerakook

KOOSTISOSAD:
- 2 tassi valtsitud kaera
- 1 tass datleid, kivideta
- 2 küpset banaani
- 1 tass värskeid maasikaid, hakitud
- 1/4 tassi kookosõli, sulatatud
- 1 tl vaniljeekstrakti

JUHISED:
a) Blenderda rullitud kaer ja datlid köögikombainis puruks.
b) Lisa banaanid, kookosõli ja vaniljeekstrakt. Blenderda, kuni moodustub tainas.
c) Voldi sisse hakitud maasikad.
d) Suru segu koogivormi.
e) Enne viilutamist hoia vähemalt 2 tundi külmkapis.

20.Mustika sidrunijogurti kook

KOOSTISOSAD:
- 2 tassi mandlijahu
- 1/2 tassi kookosjahu
- 1 tl küpsetuspulbrit
- 1/4 tl soola
- 1/2 tassi kookosõli, sulatatud
- 1/4 tassi vahtrasiirupit
- 1 tass kookosjogurtit
- 2 sidruni koor ja mahl
- 1 tass värskeid mustikaid

JUHISED:
a) Kuumuta ahi temperatuurini 350 °F (175 °C) ja määri koogivorm rasvaga.
b) Sega kausis mandlijahu, kookosjahu, küpsetuspulber ja sool.
c) Teises kausis sega sulatatud kookosõli, vahtrasiirup, kookosjogurt, sidrunikoor ja sidrunimahl.
d) Sega märjad ja kuivad koostisosad ning sega seejärel mustikad.
e) Vala tainas koogivormi ja küpseta 30-35 minutit või kuni hambaork tuleb puhtana välja.

21.Mango kookose chia seemnekook

KOOSTISOSAD:
- 2 tassi hakitud kookospähklit
- 1 tass datleid, kivideta
- 1 tass mangot, tükeldatud
- 1/4 tassi kookosõli, sulatatud
- 1/4 tassi chia seemneid

JUHISED:
a) Blenderda purustatud kookospähkel ja datlid muredaks.
b) Lisa mango ja sulatatud kookosõli. Blenderda, kuni moodustub kleepuv tainas.
c) Murra sisse chia seemned.
d) Suru segu koogivormi.
e) Enne viilutamist hoia vähemalt 3 tundi külmkapis.

22.Ananassi tagurpidi kook

KOOSTISOSAD:
- 2 tassi mandlijahu
- 1/2 tassi kookosjahu
- 1 tl küpsetuspulbrit
- 1/4 tl soola
- 1/2 tassi kookosõli, sulatatud
- 1/4 tassi vahtrasiirupit
- 1 tass ananassi tükid (värsked või konserveeritud)
- 1/4 tassi kookossuhkrut

JUHISED:
a) Kuumuta ahi temperatuurini 350 °F (175 °C) ja määri koogivorm rasvaga.
b) Laota ananassitükid panni põhja ja puista üle kookossuhkruga.
c) Sega kausis mandlijahu, kookosjahu, küpsetuspulber ja sool.
d) Teises kausis sega sulatatud kookosõli ja vahtrasiirup.
e) Sega märjad ja kuivad koostisosad ning vala tainas ananassile.
f) Küpseta 30-35 minutit või kuni hambaork tuleb puhtana välja.

23. Õuna-kaneeli pähkli kook

KOOSTISOSAD:
- 2 tassi mandlijahu
- 1/2 tassi kookosjahu
- 1 tl küpsetuspulbrit
- 1/4 tl soola
- 1/2 tassi kookosõli, sulatatud
- 1/4 tassi vahtrasiirupit
- 2 õuna, kooritud ja kuubikuteks lõigatud
- 1/2 tassi hakitud kreeka pähkleid
- 1 tl jahvatatud kaneeli

JUHISED:
a) Kuumuta ahi temperatuurini 350 °F (175 °C) ja määri koogivorm rasvaga.
b) Sega kausis mandlijahu, kookosjahu, küpsetuspulber ja sool.
c) Teises kausis sega sulatatud kookosõli ja vahtrasiirup.
d) Kombineeri märjad ja kuivad koostisosad, seejärel sega hulka kuubikuteks lõigatud õunad, hakitud kreeka pähklid ja jahvatatud kaneel.
e) Vala tainas koogivormi ja küpseta 30-35 minutit või kuni hambaork tuleb puhtana välja.

24.Vaarika mandli kook

KOOSTISOSAD:
- 2 tassi mandlijahu
- 1/2 tassi kookosjahu
- 1 tl küpsetuspulbrit
- 1/4 tl soola
- 1/2 tassi kookosõli, sulatatud
- 1/4 tassi vahtrasiirupit
- 1 tass värskeid vaarikaid
- 1 tl mandli ekstrakti

JUHISED:
a) Kuumuta ahi temperatuurini 350 °F (175 °C) ja määri koogivorm rasvaga.
b) Sega kausis mandlijahu, kookosjahu, küpsetuspulber ja sool.
c) Teises kausis sega sulatatud kookosõli, vahtrasiirup ja mandli ekstrakt.
d) Sega märjad ja kuivad koostisosad ning sega ettevaatlikult värskete vaarikate hulka.
e) Vala tainas koogivormi ja küpseta 30-35 minutit või kuni hambaork tuleb puhtana välja.

25. Kiivi-laimi kookoskook

KOOSTISOSAD:
- 2 tassi hakitud kookospähklit
- 1 tass datleid, kivideta
- 1/4 tassi kookosõli, sulatatud
- 2 kiivit, kooritud ja viilutatud
- 2 laimi koor ja mahl

JUHISED:
a) Blenderda purustatud kookospähkel ja datlid muredaks.
b) Lisa sulatatud kookosõli ja blenderda kuni moodustub kleepuv tainas.
c) Suru segu koogivormi.
d) Laota peale kiiviviilud.
e) Sega laimi koor ja mahl, seejärel nirista kiivile.
f) Enne viilutamist hoia vähemalt 2 tundi külmkapis.

26.Virsiku-ingveri-kurkumikook

KOOSTISOSAD:
- 2 tassi mandlijahu
- 1/2 tassi kookosjahu
- 1 tl küpsetuspulbrit
- 1/4 tl soola
- 1/2 tassi kookosõli, sulatatud
- 1/4 tassi vahtrasiirupit
- 2 virsikut, viilutatud
- 1 tl riivitud ingverit
- 1/2 tl jahvatatud kurkumit

JUHISED:
a) Kuumuta ahi temperatuurini 350 °F (175 °C) ja määri koogivorm rasvaga.
b) Sega kausis mandlijahu, kookosjahu, küpsetuspulber ja sool.
c) Sega teises kausis sulatatud kookosõli, vahtrasiirup, riivitud ingver ja jahvatatud kurkum.
d) Sega märjad ja kuivad koostisosad ning vala taigen koogivormi.
e) Laota peale virsikuviilud.
f) Küpseta 30-35 minutit või kuni hambaork tuleb puhtana välja.

27.Muraka sidruni mooniseemnekook

KOOSTISOSAD:
- 2 tassi mandlijahu
- 1/2 tassi kookosjahu
- 1 tl küpsetuspulbrit
- 1/4 tl soola
- 1/2 tassi kookosõli, sulatatud
- 1/4 tassi vahtrasiirupit
- 1 tass värskeid murakaid
- 2 sidruni koor ja mahl
- 1 spl mooniseemneid

JUHISED:
a) Kuumuta ahi temperatuurini 350 °F (175 °C) ja määri koogivorm rasvaga.
b) Sega kausis mandlijahu, kookosjahu, küpsetuspulber ja sool.
c) Teises kausis sega sulatatud kookosõli, vahtrasiirup, sidrunikoor, sidrunimahl ja mooniseemned.
d) Kombineeri märjad ja kuivad koostisosad ning sega seejärel õrnalt värskete murakatega.
e) Vala tainas koogivormi ja küpseta 30-35 minutit või kuni hambaork tuleb puhtana välja.

28.Apelsini mango kookoskook

KOOSTISOSAD:
- 2 tassi hakitud kookospähklit
- 1 tass datleid, kivideta
- 1/4 tassi kookosõli, sulatatud
- 1 tass mangot, tükeldatud
- 2 apelsini koor ja mahl

JUHISED:
a) Blenderda purustatud kookospähkel ja datlid muredaks.
b) Lisa sulatatud kookosõli ja blenderda kuni moodustub kleepuv tainas.
c) Suru segu koogivormi.
d) Segage mango, apelsinikoor ja apelsinimahl ning valage seejärel koorikule.
e) Enne viilutamist hoia vähemalt 3 tundi külmkapis.

KÖÖGIVILJAPÕHJUSED KOOGID

29.Maguskartuli šokolaadikook

KOOSTISOSAD:
- 2 tassi maguskartulipüreed
- 1/2 tassi kookosõli, sulatatud
- 1/2 tassi vahtrasiirupit
- 3 muna (või linamunad veganvaliku jaoks)
- 1 tl vaniljeekstrakti
- 1 tass mandlijahu
- 1/2 tassi kakaopulbrit
- 1 tl küpsetuspulbrit
- 1/2 tl söögisoodat
- Näputäis soola
- 1/2 tassi piimavaba šokolaaditükke

JUHISED:
a) Kuumuta ahi temperatuurini 350 °F (175 °C) ja määri koogivorm rasvaga.
b) Sega kausis bataadipüree, sulatatud kookosõli, vahtrasiirup, munad ja vaniljeekstrakt.
c) Sega teises kausis mandlijahu, kakaopulber, küpsetuspulber, sooda ja sool.
d) Lisage märjad koostisosad kuivadele koostisosadele ja segage, kuni see on hästi segunenud.
e) Voldi sisse šokolaaditükid.
f) Vala tainas koogivormi ja küpseta 35-40 minutit või kuni hambaork tuleb puhtana välja.

30.Porgand-suvikõrvitsa kook

KOOSTISOSAD:
- 2 tassi riivitud porgandit
- 1 tass riivitud suvikõrvitsat
- 1 tass datleid, kivideta
- 1/2 tassi kookosõli, sulatatud
- 3 muna (või linamunad veganvaliku jaoks)
- 1 tl vaniljeekstrakti
- 2 tassi täistera nisujahu
- 1 tl küpsetuspulbrit
- 1/2 tl söögisoodat
- 1 tl jahvatatud kaneeli
- 1/2 tassi hakitud kreeka pähkleid (valikuline)

JUHISED:
a) Kuumuta ahi temperatuurini 350 °F (175 °C) ja määri koogivorm rasvaga.
b) Sega köögikombainis ühtlaseks massiks datlid, sulatatud kookosõli, munad ja vaniljeekstrakt.
c) Sega suures kausis riivitud porgand, riivitud suvikõrvits, täistera nisujahu, küpsetuspulber, sooda ja kaneel.
d) Lisage märjad koostisosad kuivadele koostisosadele ja segage, kuni see on hästi segunenud.
e) Soovi korral voldi sisse hakitud kreeka pähklid.
f) Vala tainas koogivormi ja küpseta 40-45 minutit või kuni hambaork tuleb puhtana välja.

31. Apelsini peedikook

KOOSTISOSAD:
- 2 tassi riivitud peeti
- 1 tass datleid, kivideta
- 1/2 tassi kookosõli, sulatatud
- 3 muna (või linamunad veganvaliku jaoks)
- 2 apelsini koor ja mahl
- 2 tassi speltajahu
- 1 tl küpsetuspulbrit
- 1/2 tl söögisoodat
- 1/2 tassi hakitud pistaatsiapähklit (valikuline)

JUHISED:
a) Kuumuta ahi temperatuurini 350 °F (175 °C) ja määri koogivorm rasvaga.
b) Sega köögikombainis ühtlaseks massiks datlid, sulatatud kookosõli, munad, apelsinikoor ja apelsinimahl.
c) Sega suures kausis riivitud peet, speltajahu, küpsetuspulber ja sooda.
d) Lisage märjad koostisosad kuivadele koostisosadele ja segage, kuni see on hästi segunenud.
e) Soovi korral voldi sisse hakitud pistaatsiapähklid.
f) Vala tainas koogivormi ja küpseta 40-45 minutit või kuni hambaork tuleb puhtana välja.

32. Spinati banaanikook

KOOSTISOSAD:
- 2 tassi värskeid spinati lehti
- 1 tass datleid, kivideta
- 1/2 tassi kookosõli, sulatatud
- 3 küpset banaani
- 2 tassi täistera nisujahu
- 1 tl küpsetuspulbrit
- 1/2 tl söögisoodat
- 1 tl jahvatatud kaneeli
- 1/2 tassi hakitud pekanipähklit (valikuline)

JUHISED:
a) Kuumuta ahi temperatuurini 350 °F (175 °C) ja määri koogivorm rasvaga.
b) Blenderda köögikombainis spinatilehed, datlid, sulatatud kookosõli ja küpsed banaanid ühtlaseks massiks.
c) Sega suures kausis täistera nisujahu, küpsetuspulber, sooda ja jahvatatud kaneel.
d) Lisage märjad koostisosad kuivadele koostisosadele ja segage, kuni see on hästi segunenud.
e) Soovi korral voldi sisse hakitud pekanipähklid.
f) Vala tainas koogivormi ja küpseta 35-40 minutit või kuni hambaork tuleb puhtana välja.

33.Pumpkin Spice lillkapsa kook

KOOSTISOSAD:
- 2 tassi lillkapsast, peeneks riivitud
- 1 tass kõrvitsapüreed
- 1/2 tassi kookosõli, sulatatud
- 1/2 tassi vahtrasiirupit
- 3 muna (või linamunad veganvaliku jaoks)
- 2 tassi mandlijahu
- 1 tl küpsetuspulbrit
- 1/2 tl söögisoodat
- 1 tl jahvatatud kaneeli
- 1/2 tl jahvatatud muskaatpähklit
- 1/4 tl jahvatatud nelki
- Näputäis soola
- 1/2 tassi hakitud pekanipähklit (valikuline)

JUHISED:
a) Kuumuta ahi temperatuurini 350 °F (175 °C) ja määri koogivorm rasvaga.
b) Sega kausis riivitud lillkapsas, kõrvitsapüree, sulatatud kookosõli, vahtrasiirup, munad ja vaniljeekstrakt.
c) Sega teises kausis mandlijahu, küpsetuspulber, sooda, kaneel, muskaatpähkel, nelk ja sool.
d) Lisage märjad koostisosad kuivadele koostisosadele ja segage, kuni see on hästi segunenud.
e) Soovi korral voldi sisse hakitud pekanipähklid.
f) Vala tainas koogivormi ja küpseta 40-45 minutit või kuni hambaork tuleb puhtana välja.

34.Butternut Squash ja õunakook

KOOSTISOSAD:
- 2 tassi riivitud kõrvitsat
- 1 tass õunad, kooritud ja riivitud
- 1 tass datleid, kivideta
- 1/2 tassi kookosõli, sulatatud
- 3 muna (või linamunad veganvaliku jaoks)
- 2 tassi speltajahu
- 1 tl küpsetuspulbrit
- 1/2 tl söögisoodat
- 1 tl jahvatatud kaneeli
- 1/2 tl jahvatatud ingverit
- Näputäis soola
- 1/2 tassi hakitud kreeka pähkleid (valikuline)

JUHISED:

a) Kuumuta ahi temperatuurini 350 °F (175 °C) ja määri koogivorm rasvaga.

b) Blenderda köögikombainis riivitud kõrvits, riivitud õunad, datlid, sulatatud kookosõli ja munad ühtlaseks massiks.

c) Sega suures kausis speltajahu, küpsetuspulber, sooda, kaneel, ingver ja sool.

d) Lisage märjad koostisosad kuivadele koostisosadele ja segage, kuni see on hästi segunenud.

e) Soovi korral voldi sisse hakitud kreeka pähklid.

f) Vala tainas koogivormi ja küpseta 40-45 minutit või kuni hambaork tuleb puhtana välja.

35.Spinati ja ananassi tagurpidi kook

KOOSTISOSAD:
- 2 tassi värskeid spinati lehti
- 1 tass ananassi, tükeldatud
- 1/2 tassi kookosõli, sulatatud
- 1 tass kookossuhkrut
- 2 tassi täistera nisujahu
- 1 tl küpsetuspulbrit
- 1/2 tl söögisoodat
- 1 tl vaniljeekstrakti
- Näputäis soola

JUHISED:
a) Kuumuta ahi temperatuurini 350 °F (175 °C) ja määri koogivorm rasvaga.
b) Blenderda köögikombainis spinatilehed, sulatatud kookosõli ja vaniljeekstrakt ühtlaseks massiks.
c) Sega kausis kuubikuteks lõigatud ananass ja kookossuhkur, seejärel määri see ühtlaselt koogivormi põhjale.
d) Sega teises kausis täistera nisujahu, küpsetuspulber, sooda ja sool.
e) Lisage märjad koostisosad kuivadele koostisosadele ja segage, kuni see on hästi segunenud.
f) Vala tainas ananassisegule ja küpseta 35-40 minutit või kuni hambaork tuleb puhtana välja.

36.Kala- ja banaanikook

KOOSTISOSAD:
- 2 tassi lehtkapsast, varred eemaldatud
- 1 tass banaane, purustatud
- 1 tass datleid, kivideta
- 1/2 tassi kookosõli, sulatatud
- 3 muna (või linamunad veganvaliku jaoks)
- 2 tassi kaerajahu
- 1 tl küpsetuspulbrit
- 1/2 tl söögisoodat
- 1 tl jahvatatud kaneeli
- 1/2 tl vaniljeekstrakti
- Näputäis soola

JUHISED:
a) Kuumuta ahi temperatuurini 350 °F (175 °C) ja määri koogivorm rasvaga.
b) Sega köögikombainis lehtkapsas, püreestatud banaanid, datlid, sulatatud kookosõli, munad ja vaniljeekstrakt ühtlaseks massiks.
c) Sega suures kausis kaerajahu, küpsetuspulber, sooda, kaneel ja sool.
d) Lisage märjad koostisosad kuivadele koostisosadele ja segage, kuni see on hästi segunenud.
e) Vala tainas koogivormi ja küpseta 35-40 minutit või kuni hambaork tuleb puhtana välja.

TÄISTERAKOOGID

37. Täistera banaani pähkli kook

KOOSTISOSAD:
- 2 tassi täistera nisujahu
- 1 tl söögisoodat
- 1/2 tl küpsetuspulbrit
- 1/2 tl soola
- 3 küpset banaani, purustatud
- 1/2 tassi vahtrasiirupit või mett
- 1/3 tassi kookosõli, sulatatud
- 2 muna (või linamunad veganvaliku jaoks)
- 1 tl vaniljeekstrakti
- 1/2 tassi hakitud kreeka pähkleid

JUHISED:
a) Kuumuta ahi temperatuurini 350 °F (175 °C) ja määri koogivorm rasvaga.
b) Vahusta suures kausis täisteranisujahu, sooda, küpsetuspulber ja sool.
c) Sega teises kausis püreestatud banaanid, vahtrasiirup (või mesi), sulatatud kookosõli, munad (või linamunad) ja vaniljeekstrakt.
d) Lisa märjad koostisosad kuivadele koostisosadele ja sega ühtlaseks massiks.
e) Murra sisse hakitud kreeka pähklid.
f) Vala tainas koogivormi ja küpseta 30-35 minutit või kuni hambaork tuleb puhtana välja.

38.Kaerahelbedest mustika-sidrunikook

KOOSTISOSAD:
- 2 tassi vanaaegset kaera
- 1 tass täistera nisujahu
- 1 tl küpsetuspulbrit
- 1/2 tl söögisoodat
- 1/2 tl soola
- 1 tass tavalist kreeka jogurtit
- 1/2 tassi vahtrasiirupit või mett
- 1/3 tassi kookosõli, sulatatud
- 2 muna (või linamunad veganvaliku jaoks)
- 1 sidruni koor ja mahl
- 1 tass värskeid mustikaid

JUHISED:
a) Kuumuta ahi temperatuurini 350 °F (175 °C) ja määri koogivorm rasvaga.
b) Purusta kaer blenderis jahutaoliseks konsistentsiks.
c) Sega suures kausis kaerajahu, täistera nisujahu, küpsetuspulber, sooda ja sool.
d) Sega teises kausis kreeka jogurt, vahtrasiirup (või mesi), sulatatud kookosõli, munad (või linamunad), sidrunikoor ja sidrunimahl.
e) Lisa märjad koostisosad kuivadele koostisosadele ja sega ühtlaseks massiks.
f) Sega õrnalt sisse värsked mustikad.
g) Vala tainas koogivormi ja küpseta 35-40 minutit või kuni hambaork tuleb puhtana välja.

39.Quinoa šokolaadi-suvikõrvitsa kook

KOOSTISOSAD:
- 1 tass keedetud kinoat, jahutatud
- 1/2 tassi täistera nisujahu
- 1/2 tassi kakaopulbrit
- 1 tl küpsetuspulbrit
- 1/2 tl söögisoodat
- 1/2 tl soola
- 2 muna (või linamunad veganvaliku jaoks)
- 1/4 tassi kookosõli, sulatatud
- 1/2 tassi vahtrasiirupit või mett
- 1 tl vaniljeekstrakti
- 1 1/2 tassi riivitud suvikõrvitsat

JUHISED:
a) Kuumuta ahi temperatuurini 350 °F (175 °C) ja määri koogivorm rasvaga.
b) Segage suures kausis keedetud kinoa, täistera nisujahu, kakaopulber, küpsetuspulber, sooda ja sool.
c) Klopi teises kausis kokku munad (või linamunad), sulatatud kookosõli, vahtrasiirup (või mesi) ja vaniljeekstrakt.
d) Lisa märjad koostisosad kuivadele koostisosadele ja sega ühtlaseks massiks.
e) Murra õrnalt sisse riivitud suvikõrvits.
f) Vala tainas koogivormi ja küpseta 30-35 minutit või kuni hambaork tuleb puhtana välja.

40. Speltajahust porgandikook

KOOSTISOSAD:
- 2 tassi speltajahu
- 1 tl küpsetuspulbrit
- 1/2 tl söögisoodat
- 1/2 tl soola
- 1 tl jahvatatud kaneeli
- 1/2 tl jahvatatud muskaatpähklit
- 1/2 tassi kookosõli, sulatatud
- 1/2 tassi vahtrasiirupit või mett
- 2 muna (või linamunad veganvaliku jaoks)
- 1 tl vaniljeekstrakti
- 2 tassi riivitud porgandit
- 1/2 tassi hakitud pekanipähklit

JUHISED:
a) Kuumuta ahi temperatuurini 350 °F (175 °C) ja määri koogivorm rasvaga.
b) Vahusta suures kausis speltajahu, küpsetuspulber, sooda, sool, kaneel ja muskaatpähkel.
c) Sega teises kausis sulatatud kookosõli, vahtrasiirup (või mesi), munad (või linamunad) ja vaniljeekstrakt.
d) Lisa märjad koostisosad kuivadele koostisosadele ja sega ühtlaseks massiks.
e) Murra õrnalt sisse riivitud porgand ja hakitud pekanipähklid.
f) Vala tainas koogivormi ja küpseta 35-40 minutit või kuni hambaork tuleb puhtana välja.

41. Tatramarja hommikusöögikook

KOOSTISOSAD:
- 1 tass tatrajahu
- 1/2 tassi mandlijahu
- 1 tl küpsetuspulbrit
- 1/2 tl söögisoodat
- 1/4 tl soola
- 2 küpset banaani, püreestatud
- 1/4 tassi kookosõli, sulatatud
- 1/4 tassi vahtrasiirupit
- 2 muna (või linamunad veganvaliku jaoks)
- 1 tl vaniljeekstrakti
- 1 tass segatud marju (mustikad, vaarikad, maasikad)

JUHISED:
a) Kuumuta ahi temperatuurini 350 °F (175 °C) ja määri koogivorm rasvaga.
b) Vispelda kausis kokku tatrajahu, mandlijahu, küpsetuspulber, sooda ja sool.
c) Sega teises kausis püreestatud banaanid, sulatatud kookosõli, vahtrasiirup, munad (või linamunad) ja vaniljeekstrakt.
d) Sega märjad ja kuivad ained omavahel, seejärel sega ettevaatlikult sisse segatud marjad.
e) Vala tainas koogivormi ja küpseta 30-35 minutit või kuni hambaork tuleb puhtana välja.

42.Teffi datlitort

KOOSTISOSAD:
- 1 tass teffi jahu
- 1/2 tassi kaerajahu
- 1 tl küpsetuspulbrit
- 1/2 tl söögisoodat
- 1/4 tl soola
- 1 tass datleid, kivideta ja tükeldatud
- 1/2 tassi kookosõli, sulatatud
- 2 muna (või linamunad veganvaliku jaoks)
- 1 tl vaniljeekstrakti
- 1 tass mandlipiima

JUHISED:
a) Kuumuta ahi temperatuurini 350 °F (175 °C) ja määri koogivorm rasvaga.
b) Vispelda kausis omavahel teffijahu, kaerajahu, küpsetuspulber, sooda ja sool.
c) Sega eraldi kausis tükeldatud datlid, sulatatud kookosõli, munad (või linamunad), vaniljeekstrakt ja mandlipiim.
d) Sega märjad ja kuivad koostisosad ning vala taigen koogivormi.
e) Küpseta 35-40 minutit või kuni hambaork tuleb puhtana välja.

43.Amarant-kookose-laimikook

KOOSTISOSAD:
- 1 tass amarandijahu
- 1/2 tassi kookosjahu
- 1 tl küpsetuspulbrit
- 1/2 tl söögisoodat
- 1/4 tl soola
- 1/2 tassi kookosõli, sulatatud
- 1/2 tassi vahtrasiirupit
- 2 laimi koor ja mahl
- 2 muna (või linamunad veganvaliku jaoks)
- 1 tass kookospiima

JUHISED:
a) Kuumuta ahi temperatuurini 350 °F (175 °C) ja määri koogivorm rasvaga.
b) Vahusta kausis amarandijahu, kookosjahu, küpsetuspulber, sooda ja sool.
c) Sega teises kausis sulatatud kookosõli, vahtrasiirup, laimikoor, laimimahl, munad (või linamunad) ja kookospiim.
d) Sega märjad ja kuivad koostisosad ning vala taigen koogivormi.
e) Küpseta 30-35 minutit või kuni hambaork tuleb puhtana välja.

44.Sorgo piparkook

KOOSTISOSAD:
- 1 tass sorgojahu
- 1/2 tassi kaerajahu
- 1 tl küpsetuspulbrit
- 1/2 tl söögisoodat
- 1/2 tl jahvatatud ingverit
- 1/2 tl jahvatatud kaneeli
- 1/4 tl jahvatatud nelki
- 1/4 tl soola
- 1/2 tassi melassi
- 1/4 tassi kookosõli, sulatatud
- 2 muna (või linamunad veganvaliku jaoks)
- 1 tass kuuma vett

JUHISED:
a) Kuumuta ahi temperatuurini 350 °F (175 °C) ja määri koogivorm rasvaga.
b) Vahusta kausis sorgojahu, kaerajahu, küpsetuspulber, sooda, ingver, kaneel, nelk ja sool.
c) Teises kausis sega melass, sulatatud kookosõli, munad (või linamunad) ja kuum vesi.
d) Sega märjad ja kuivad koostisosad ning vala taigen koogivormi.
e) Küpseta 40-45 minutit või kuni hambaork tuleb puhtana välja.

SUHKRUVABA KOOGID

45. Tervislikum sidrunikook

KOOSTISOSAD:
- 75 ml rapsiõli, pluss tina
- 175g isekerkivat jahu
- 1 ½ tl küpsetuspulbrit
- 50 g jahvatatud mandlit
- 50 g polentat
- 2 sidruni peeneks riivitud koor
- 140 g kuldset tuhksuhkrut
- 2 suurt muna
- 225 g naturaalset jogurtit

SIDRUNISIIRUPI KOHTA:
- 85 g tuhksuhkrut
- 2 sidruni mahl (umbes 5 spl)

JUHISED:

a) Kuumuta ahi temperatuurini 180C/160C ventilaator/gaas 4.
b) Määri 20 cm ümmargune x 5 cm sügav koogivorm kergelt õliga ja vooderda põhi küpsetuspaberiga.
c) Sega suures segamiskausis jahu, küpsetuspulber, jahvatatud mandlid, polenta, sidrunikoor ja suhkur.
d) Tee keskele suplust.
e) Klopi eraldi kausis lahti munad, seejärel sega hulka jogurt.
f) Lisage see segu koos õliga kastmesse ja segage õrnalt suure metalllusikaga, kuni see on lihtsalt segunenud.
g) Tõsta segu lusikaga vormi ja tasanda pealt.
h) Küpseta 40 minutit või kuni keskele torgatud varras tuleb puhtana välja.
i) Kui pruunistub liiga kiiresti, katke viimased 5-10 minutit lõdvalt fooliumiga.
j) Kuni kook küpseb, valmista sidrunisiirup.
k) Sega kastrulis tuhksuhkur, sidrunimahl ja 75 ml vett.
l) Kuumuta keskmisel kuumusel aeg-ajalt segades, kuni suhkur lahustub.
m) Tõsta kuumust, keeda 4 minutit, kuni see on veidi vähenenud ja siirupine, seejärel tõsta tulelt.
n) Võta kook ahjust välja ja lase vormis korraks jahtuda.
o) Pöörake see soojana vormist välja, eemaldage voodripaber ja asetage see küpsetusplaadi kohale restile.
p) Tee varda abil kogu koogi peale väikesed augud.
q) Valage lusikaga aeglaselt peale pool sidrunisiirupit ja laske sellel imbuda.
r) Tõsta lusikaga ülejäänu peale, pintselda koogi servad ja küljed viimase siirupiga.

46. Madala suhkrusisaldusega šokolaadivõileivakook

KOOSTISOSAD:
TOOGI JAOKS:
- 150 ml rapsiõli, lisaks määrimiseks
- 250 g keedetud peeti
- 50 g kakaod
- 140 g tavalist täisterajahu
- 100 g tavalist valget jahu
- 50 g jahvatatud mandleid
- 2 tl küpsetuspulbrit
- 1 tl soodavesinikkarbonaati
- 2 suurt muna
- 2 tl vaniljeekstrakti
- 50 ml lõssi

ŠOKOLAADIKREEMI JUURDE:
- 150 ml naturaalset biojogurtit
- 2 spl kakaod
- 150 ml potti topeltkoort

JUHISED:
a) Kuumuta ahi temperatuurini 160C/140C/gaas 3 ja määri, seejärel vooderda kahe 20cm võileivavormi põhi küpsetuspaberiga.
b) Sega šokolaadikreemi jaoks jogurt kakaoga ja tõsta kõrvale.
c) Küpseta koogi jaoks köögikombainis peeti, kuni see meenutab paksu püree.
d) Lisa kakao, jahud, jahvatatud mandlid, küpsetuspulber ja sooda. Pulseerige segamiseks korraks.
e) Lisage peedisegule munad, 150 ml rapsiõli, vaniljeekstrakt ja piim. Blitz ühtlaseks vedelaks taignaks.
f) Jaga taigen ühtlaselt vormide vahel ja küpseta 25-30 minutit, kuni keskele torgatud varras tuleb puhtalt välja.
g) Jahuta, seejärel eemalda vormidest ja lõpeta restil jahutamine. Eemaldage voodripaber, kui see on külmunud.
h) Vahusta koort, kuni see hoiab oma kuju.
i) Segage kakaosegu, seejärel segage kõik peale 2 tl.
j) Määri kolmandik ühe koogi peale, kalla peale ülejäänud käsn ja määri ülejäänud šokolaadikreemiga, et see oleks keeruline.
k) Määrige reserveeritud kakaosegu peale ja sulgege õrnalt teelusikaotsaga.
l) Pane paariks päevaks külmkappi, kuid parima maitse ja tekstuuri saavutamiseks tõsta enne söömist toatemperatuurile.

47. Maroko apelsini ja kardemoni kook

KOOSTISOSAD:
- 2 apelsini, kooritud
- 6 rohelise kardemoni kauna seemned, purustatud
- 6 suurt muna
- 200g pakk jahvatatud mandleid
- 50 g polentat
- 25g isekerkivat jahu
- 2 tl küpsetuspulbrit
- 1 spl purustatud mandleid
- Serveerimiseks kreeka jogurt või koor

JUHISED:
a) Pane terved apelsinid pannile, kata veega ja keeda 1 tund, kuni nuga neid kergesti läbi torkab. Vajadusel pange väike kastruli kaas otse peale, et need jääksid vee alla.
b) Eemaldage apelsinid, jahutage, seejärel veeranditage ning eemaldage seemned ja südamik. Lülitage saumikseriga või köögikombaini abil tore püree ja asetage seejärel suurde kaussi.
c) Kuumuta ahi temperatuurini 160C/140C ventilaator/gaas 3.
d) Vooderda 21 cm lahtise põhjaga koogivormi põhi ja küljed küpsetuspaberiga.
e) Klopi kardemon ja munad apelsinipüree hulka.
f) Sega jahvatatud mandlid polenta, jahu ja küpsetuspulbriga ning sega seejärel apelsinisegu hulka, kuni need on hästi segunenud.
g) Kaabi segu vormi, tasanda pealt ja küpseta 40 minutit.
h) 40 minuti pärast puistake mandlihelvestega koogile, pange tagasi ahju ja küpsetage veel 20-25 minutit, kuni keskele torgatud varras tuleb puhtana välja.
i) Eemalda vormist ja lase jahtuda.
j) Serveeri viilutatuna koogina või kreeka jogurti või koorega magustoiduna.

48. Suhkruvaba sidrunikook

KOOSTISOSAD:
- 225g isekerkivat jahu, sõelutud
- ½ tl küpsetuspulbrit
- 2 sidrunit, ainult koor
- 2 suurt muna, toatemperatuuril
- 125 ml päevalilleõli
- 1 spl piima
- 200 g 0% rasvasisaldusega kreeka jogurtit

JUHISED:
a) Kuumuta ahi 180C/160C ventilaator/gaas 4.
b) Määri ja vooderda 1,2-liitrine leivavorm (22cm x 13cm laius, 7cm sügavus) küpsetuspaberiga.
c) Sega suures kausis omavahel jahu, küpsetuspulber ja sidrunikoor.
d) Eraldi kausis või kannus segage munad, päevalilleõli, piim ja jogurt.
e) Sega märjad ained jahusegusse.
f) Tõsta tainas lusikaga vormi ja silu pind ühtlaseks.
g) Tõsta kohe ahju ja küpseta keskmisel riiulil 1 tund - 1 tund ja 10 minutit.
h) Kontrollige 50 minuti pärast; kui kook hakkab liiga tume, kata lõdvalt fooliumiga.
i) Jahuta kook vormis enne välja keeramist.

49.Suhkruvaba banaani-pähkli kook

KOOSTISOSAD:
- 2 tassi täistera nisujahu
- 1 tl küpsetuspulbrit
- 1/2 tl söögisoodat
- 1/2 tl kaneeli
- 3 küpset banaani, purustatud
- 1/2 tassi magustamata õunakastet
- 1/4 tassi kookosõli, sulatatud
- 2 muna (või linamunad veganvaliku jaoks)
- 1 tl vaniljeekstrakti
- 1/2 tassi hakitud kreeka pähkleid

JUHISED:
a) Kuumuta ahi temperatuurini 350 °F (175 °C) ja määri koogivorm rasvaga.
b) Sega kausis kokku täisteranisujahu, küpsetuspulber, sooda ja kaneel.
c) Teises kausis segage püreestatud banaanid, õunakaste, sulatatud kookosõli, munad (või linamunad) ja vaniljeekstrakt.
d) Kombineeri märjad ja kuivad koostisosad, seejärel sega hulka hakitud kreeka pähklid.
e) Vala tainas koogivormi ja küpseta 30-35 minutit või kuni hambaork tuleb puhtana välja.

50. Suhkruvaba mandlijahust apelsinikook

KOOSTISOSAD:
- 2 tassi mandlijahu
- 1 tl küpsetuspulbrit
- 1/2 tl söögisoodat
- 2 apelsini koor ja mahl
- 1/4 tassi kookosõli, sulatatud
- 3 muna (või linamunad veganvaliku jaoks)
- 1 tl vaniljeekstrakti
- 1/2 tassi magustamata mandlipiima

JUHISED:
a) Kuumuta ahi temperatuurini 350 °F (175 °C) ja määri koogivorm rasvaga.
b) Vispelda kausis kokku mandlijahu, küpsetuspulber ja sooda.
c) Sega teises kausis apelsinikoor, apelsinimahl, sulatatud kookosõli, munad (või linamunad), vaniljeekstrakt ja mandlipiim.
d) Sega märjad ja kuivad koostisosad ning vala taigen koogivormi.
e) Küpseta 30-35 minutit või kuni hambaork tuleb puhtana välja.

GLUTEENIVABAD KOOGID

51. Graham Crackeri juustukook

KOOSTISOSAD:

KOORIKU KOHTA:
- 2 tassi purustatud gluteenivabu grahami kreekereid
- ¼ tassi valget suhkrut
- 6 spl soolata võid, sulatatud

TÄIDISEKS:
- 2 ½ (8 untsi) pakki toorjuustu, pehmendatud ½ tassi mett
- 3 suurt muna
- 2 spl piima
- 1 ½ tl vaniljeekstrakti
- ¼ teelusikatäit soola

COULISE KOHTA:
- 250 g mustikaid (või soovi korral muid marju)
- 100 ml / 6 spl vett
- 2 spl vahtrasiirupit/agaavinektarit

JUHISED:
a) Kuumuta ahi 180C / 350F
b) Segage koore koostisosad, kuni see on hästi segunenud.
c) Valage kooresegu 9-tollisse ümmargusse vedruvormi ja suruge see ühtlaselt piki võid ja umbes 1 toll külgedele üles.
d) Küpseta koorikut 8 minutit, seejärel tõsta kõrvale jahtuma.
e) Vahusta toorjuust ja mesi segamisnõus ühtlaseks massiks.
f) Klopi eraldi kausis lahti munad, piim, vaniljeekstrakt ja sool. Lisa segu toorjuustusegule ja sega korralikult läbi.
g) Murra murakad sisse, et need ei puruneks.
h) Valage täidis jahtunud koorikusse ja küpsetage 30 minutit või kuni juustukook on keskele hangunud.
i) Laske juustukoogil jahtuda, seejärel eemaldage õrnalt vedruvormi küljed.
j) Enne serveerimist jahuta juustukook vähemalt 4 tundi.
k) Valmistage coulis, pannes marjad kastrulisse koos vee ja siirupiga, keetke keskmisel kuumusel 2-3 minutit.
l) Tõsta tulelt ja lase jahtuda. Võid vahustada, et muuta see siledaks või jätta selle niisama.
m) Kata juustukook coulisiga.

52.Sidruni kookose koogikesi

KOOSTISOSAD:
- 1 tass pruuni riisi jahu
- 1 tass kartulitärklist
- 1 tass valget suhkrut
- 1 tl söögisoodat
- 1 tl küpsetuspulbrit
- 1 tl ksantaankummi
- ½ tl soola
- 1 tass magustamata kookospiima
- 1 suur muna
- 3 spl kookosõli, sulatatud
- 1 spl värsket sidrunimahla
- ½ tl sidruniekstrakti
- ½ tl kookospähkli ekstrakti

JUHISED:
a) Kuumuta ahi 180C / 350F-ni ja vooderda tavaline muffinipann paberist vooderdistega.
b) Sega kausis riisijahu, kartulitärklis, suhkur, sooda, küpsetuspulber, ksantaankummi ja sool. Sega põhjalikult.
c) Klopi eraldi kausis kokku kookospiim, muna, kookosõli, sidrunimahl, kookospähkli ekstrakt ja sidruniekstrakt.
d) Lisa väikeste portsjonitena kuivained ja klopi ühtlaseks ja hästi segunevaks.
e) Tõsta tainas lusikaga ettevalmistatud pannile, täites iga tassi umbes 2/3 ulatuses.
f) Küpseta 15–18 minutit, kuni saab noa keskele pista ja ilma taignata välja tulla
g) Jahuta koogikesi pannil 5 minutit, seejärel tõsta restile täielikult jahtuma.

53.Šokolaadikihi kook

KOOSTISOSAD:
- 3 tassi valget suhkrut
- 2 tassi sorgojahu
- 1 tass valget riisijahu
- 1 tass kartulitärklist
- 1 tass kakaopulbrit
- 1 spl ksantaankummi
- 2 tl küpsetuspulbrit
- 1 ¼ teelusikatäit söögisoodat
- ¾ teelusikatäit soola
- 2 tassi kooritud piima
- 4 suurt muna, kergelt lahti klopitud
- ½ tassi rapsiõli
- 1 ½ supilusikatäit vaniljeekstrakti

VÕIKREEEMI KIIRE KASTUMINE:
- 1/2 tassi võid, pehmendatud
- 4-1/2 tassi kondiitri suhkrut
- 1-1/2 tl vaniljeekstrakti
- 5-6 supilusikatäit 2% piima

JUHISED:

a) Kuumuta ahi 180C/350F-ni ja määri kaks 9-tollist ümmargust koogivormi.
b) Sega kausis jahud, kartulitärklis, kakaopulber, ksantaankummi, küpsetuspulber, sooda ja sool.
c) Vahusta piim, munad, rapsiõli ja vaniljeekstrakt ühtlaseks ja hästi segunevaks massiks.
d) Vahusta tainast suurel kiirusel 2 minutit, kuni see on kerge ja õhuline.
e) Jaga taigen kahe koogivormi vahel ja aja ühtlaselt laiali.
f) Küpseta 35 minutit, keerates poole peal, kuni saab noa keskele pista ja ilma taignata välja tulla.
g) Lase kihtidel pannides 5 minutit jahtuda, seejärel tõsta restidele täielikult jahtuma.
h) Külmutamiseks kata üks kiht glasuuriga ja aseta peale teine koogikiht.
i) Kata kook glasuuriga ja kaunista vastavalt soovile.
j) Kiire võikreemi glasuur:
k) Vahusta või kreemjaks ning lisa suhkur ja vanill. Lisa piima, kuni saavutad vajaliku konsistentsi.
l) Šokolaadiglasuuri valmistamiseks lisa ½ tassi kakaod ja vähenda suhkrut ½ tassi võrra.

54.Sidruni ja mustika petipiim Tassikoogid

KOOSTISOSAD:
- 190 g (11/3 tassi) tavalist (universaalset) gluteenivaba jahusegu
- 15 g (2 spl) jahvatatud mandleid
- 140 g (2/3 tassi) naturaalset (ülipeent) suhkrut
- 1½ tl gluteenivaba küpsetuspulbrit
- 1/8 tl soodavesinikkarbonaati (söögisoodat)
- ½ tl ksantaankummi
- 55 g (4 spl) võine päevalillemääre
- 1 UK Large (USA Extra Large) vabapidamisega muna
- 120 ml (½ tassi) petipiima
- 120 ml (½ tassi) madala rasvasisaldusega (2% rasvasisaldusega) piima
- 1 sidrun, koor ja mahl, jagatud
- 110 g (¾ tassi) värskeid või sulatatud, külmutatud mustikaid
- 1/8 tl meri (košer)
- soola
- 120 g (1 tass) tuhksuhkrut (tuhksuhkur).

JUHISED:

a) Kuumuta ahi 350 F-ni. Vooderda 2 muffinivormi 12 koogipaberiga.
b) Sulata väikeses potis võimääre ja lase veidi jahtuda. Klopi kannus kokku muna, pett, piim, sidruni peeneks riivitud koor ja sulatatud määre.
c) Kui kasutate sulatatud külmutatud mustikaid, kuivatage hoolikalt köögipaberil.
d) Tõsta valmis kookide kaunistamiseks kõrvale 12, seejärel pane ülejäänud väikesesse kaussi ja raputa peale 1 spl jahu (retsepti jaoks mõõdetud jahukogusest).
e) Segage jahu, jahvatatud mandlid, suhkur, küpsetuspulber, sooda, ksantaankummi ja sool aluses või käsimikseris.
f) Tee kuivsegu keskele süvend ja vala sisse petipiima/munasegu. Segage madalal kiirusel, kuni segu on hästi segunenud.
g) Lisa mustikad ja sega uuesti madalal kiirusel kuni segunemiseni. Tõsta tainas lusikaga ettevalmistatud koogipaberitesse.
h) Küpseta 15-20 minutit või kuni koogikesi keskelt kergelt puudutades vetsuvad tagasi.
i) Tõsta ahjust välja ja tõsta restidele jahtuma.
j) Pista sidrunist mahl. Pane tuhksuhkur (tuhksuhkur) kannu ja lisa nii palju sidrunimahla, et see muutuks paksuks kreemitaoliseks konsistentsiks.
k) Määri teelusikaga koogikeste peale ja kaunista reserveeritud mustikatega.

55.Šokolaadist vaarika koogid

KOOSTISOSAD:
- ½ tassi sorgojahu
- ½ tassi hirsijahu
- 1/3 tassi tapiokijahu
- 1/3 tassi kartulitärklist
- ¼ tassi magustamata kakaopulbrit
- 1 tl ksantaankummi
- 1 ½ tl söögisoodat
- ½ tl küpsetuspulbrit
- ¼ teelusikatäit meresoola
- ½ tassi täispiima
- ½ tassi sooja vett
- 2 suurt muna, lahtiklopitud
- 3 supilusikatäit rapsiõli
- 1 tl vaniljeekstrakti
- 1 tass värskeid vaarikaid

JUHISED:
a) Kuumuta ahi 180C / 350F-ni ja vooderda muffinipann paberist vooderdistega.
b) Sega kausis jahud, kartulitärklis, söögisooda, ksantaankummi, küpsetuspulber, kakaopulber ja sool.
c) Sega eraldi kausis kokku piim, vesi, munad, vaniljeekstrakt ja rapsiõli.
d) Vahusta kuivained ühtlaseks ja hästi segunevaks massiks – klopi suurel kiirusel 2 minutit.
e) Aseta vaarikad kaussi ja püreesta õrnalt kahvliga. Voldi vaarikad taignasse.
f) Tõsta tainas lusikaga ettevalmistatud pannile, täites iga tassi umbes 2/3 ulatuses.
g) Küpseta 18–20 minutit, kuni saab noa keskele pista ja ilma taignata välja tulla
h) Jahuta koogikesi pannil 5 minutit, seejärel tõsta restile täielikult jahtuma. Kõige peale glasuur ja ekstra vaarikad.

56.Lihtne kollane kook

KOOSTISOSAD:
- ¾ tassi sorgojahu
- ¾ tassi hirsijahu
- ½ tassi tapiokijahu
- ½ tassi kartulitärklist
- ½ tassi noolejuure pulbrit
- 1 spl küpsetuspulbrit
- 2 tl ksantaankummi
- ½ tl meresoola
- 1 ¼ tassi kooritud piima
- ¾ tassi rapsiõli
- 4 suurt muna pluss 1 munakollane
- 1 spl vaniljeekstrakti

JUHISED:
a) Kuumuta ahi 180C/350F-ni ja määri kaks 9-tollist ümmargust koogivormi.
b) Kombineerige esimesed kaheksa koostisosa segamisnõus.
c) Vahusta eraldi kausis piim, rapsiõli, munad, munakollane ja vaniljeekstrakt.
d) Klopi kuivained väikeste portsjonitena märgade hulka ühtlaseks massiks.
e) Vahusta tainast suurel kiirusel 2 minutit, kuni see muutub heledaks.
f) Jaga taigen ühtlaselt kahe vormi vahel ja küpseta 30 kuni
g) minutit, kuni saab noa keskele pista ja ilma taignata välja tulla
h) Jahuta koogikihte vormides 5 minutit, seejärel kummuta restile täielikult jahtuma.
i) Külmutamiseks kata üks kiht glasuuriga ja aseta peale teine koogikiht. Kata kogu kook glasuuriga.

57.New Yorgi stiilis juustukook

KOOSTISOSAD:
KOORIKU EEST
- 2 tassi (224 g) mandlijahu
- 1/4 teelusikatäit soola
- 11/2 supilusikatäit (18 g) fariinsuhkrut
- 1/4 tassi (56 g) soolata võid, sulatatud

JUUSTUKOOGI JAOKS
- 1 nael (454 g) toorjuustu toatemperatuuril
- 2 supilusikatäit (16 g) maisitärklist
- 2/3 tassi (128 g) granuleeritud suhkrut Näputäis soola
- 1/2 tassi (120 g) hapukoort, toatemperatuuril
- 2 teelusikatäit (10 ml) gluteenivaba vaniljeekstrakti
- 1/8 tl gluteenivaba mandli ekstrakti 2 suurt muna, toatemperatuuril
- 1 tass (235 ml) külma vett

JUHISED:
KOORIK
a) Pihustage 7 x 3-tollise (18 x 7,6 cm) vedruvormi põhja ja külgedele kergelt mitteakkuvat küpsetuspihustit (sellist, milles pole jahu).
b) Lõika küpsetuspaberist ring, mis on sama suur kui vedruvormi põhja. Asetage pärgamendiring panni põhjale ja piserdage kergelt täiendava mitteakkuva pihustiga. Kõrvale panema.
c) Sega väikeses kausis kokku mandlijahu, sool ja fariinsuhkur. Lisa sulatatud või ja sega kahvliga, kuni see kokku kleepub.
d) Vala kooresegu ettevalmistatud pannile. Määri sõrmedega laiali ja suru õrnalt alla, et moodustuks ühtlane kiht. Asetage pann juustukoogitaina valmistamise ajaks sügavkülma.

JUUSTUKOOK
e) Vahusta toorjuust keskmises segamiskausis saumikseriga madalal kiirusel ühtlaseks. Segage väikeses segamiskausis maisitärklis, granuleeritud suhkur ja sool. Lisa pool suhkrusegust toorjuustule ja klopi, kuni see on lihtsalt segunenud. Kraapige spaatliga kausi küljed maha. Lisa ülejäänud suhkrusegu ja klopi, kuni see on lihtsalt segunenud. Lisa toorjuustusegule hapukoor ning vanilli- ja mandli ekstraktid. Vahusta, kuni see lihtsalt kokku tuleb.
f) Lisa ükshaaval munad, kraapides pärast iga lisamist kaussi korralikult alla. Ärge segage üle.

g) Eemaldage koor sügavkülmast. Lekke vältimiseks mässige panni põhi tihedalt alumiiniumfooliumiga. Vala toorjuustu tainas koorikule. Õhumullide eemaldamiseks koputage kergelt tööpinnale.
h) Valage külm vesi kiirkeedupotti sisemisse potti. Asetage potti klaas. Kasutage fooliumtropi, et asetada juustukoogivorm ettevaatlikult plaadi peale. Veenduge, et pann ei puudutaks vett.
i) Sulgege ja lukustage kaas, veendudes, et auru vabastamise nupp on tihendusasendis. Küpseta kõrgel rõhul 40 minutit. Kui olete lõpetanud, kasutage kiirvabastusmeetodit, keerates vabastusnupu õhutusasendisse ja vabastades auru. Kui tihvt alla langeb, avage kaas ja avage see ettevaatlikult. Puhastage juustukoogi pind õrnalt paberrätikuga, et kondenseeruda.
j) Eemaldage juustukook ettevaatlikult ja asetage see restile jahtuma.
k) Kui juustukook on täielikult jahtunud, asetage külmkappi 6–8 tunniks või üleöö. Kui olete serveerimiseks valmis, eemaldage juustukook külmkapist. Vabastage vedruvormi küljed ja lükake õhuke nuga küpsetuspaberi ja kooriku vahele ning libistage seejärel ettevaatlikult serveerimistaldrikule.

58.Üksikud Key Lime'i juustukoogid

KOOSTISOSAD:
KOORIKU EEST
- 11/4 tassi (125 g) jahvatatud gluteenivabu küpsiseid (nt Pamela kaubamärk)
- 11/2 tl pruuni suhkrut
- 2 spl (28 g) soolata võid, sulatatud Näputäis soola

JUUSTUKOOGI JAOKS
- 8 untsi (227 g) toorjuustu toatemperatuuril
- 1 supilusikatäis (8 g) maisitärklist
- 1/3 tassi (65 g) granuleeritud suhkrut
- Näputäis soola
- 1 spl (15 ml) Key laimi mahla
- 1/4 tassi (60 g) hapukoort, toatemperatuuril
- 1 tl gluteenivaba vaniljeekstrakti
- 1 supilusikatäis (6 g) peeneks riivitud Key laimi koort, lisaks veel kaunistuseks
- 1 suur muna, toatemperatuuril 11/2 tassi (355 ml) vett Vahukoor, kaunistamiseks

KOORIK
a) Pihustage kuue 115 g (4-untsi) purgi sisemustele kergelt mittekleepuva küpsetuspreiga.
b) Sega väikeses kausis kokku purustatud küpsised, fariinsuhkur, või ja sool. Jaga küpsisegu ühtlaselt müüripurkide vahel. Suru küpsisekoor õrnalt vastu klaaside põhja.

JUUSTUKOOK
c) Vahusta toorjuust keskmises segamiskausis saumikseriga madalal kiirusel ühtlaseks. Segage väikeses segamiskausis maisitärklis, granuleeritud suhkur ja sool. Lisage suhkrusegu toorjuustule ja vahustage, kuni see on lihtsalt segunenud. Kraapige spaatliga kausi küljed maha.
d) Lisa toorjuustusegule laimimahl, hapukoor, vanill ja laimikoor. Vahusta, kuni see lihtsalt kokku tuleb. Lisa muna; segage, kuni see on lihtsalt segunenud. Ärge segage üle.
e) Jaga juustukoogitainas purkide vahel võrdselt. Koputage purke kergelt vastu letti, et vabastada suured õhumullid.
f) Lisa vesi sisemise poti põhja.
g) Asetage poti sees tihvt. Asetage täidetud purgid triivile, jälgides, et purkide küljed ei puutuks üksteise ega poti külgedega kokku. Servade ümber peaks mahtuma viis ja keskel peaks olema ruumi ühe purgi jaoks. Asetage kõikidele purkidele kergelt peale suur tükk fooliumit.
h) Sulgege ja lukustage kaas, veendudes, et auru vabastamise nupp on tihendusasendis. Keeda kõrgel rõhul 4 minutit. Kui küpsetusaeg on lõppenud, laske loomulikul vabanemisel 10 minutit, seejärel liigutage nupp õhutusasendisse ja vabastage järelejäänud aur. Kui tihvt alla kukub, avage kaas ja avage see ellevaallikult. Vajutage Tühista.
i) Eemaldage foolium ja image juustukookide pinnale tekkinud kondensaat, kuivatades õrnalt paberrätikuga. Lase juustukookidel potis 30 minutit jahtuda, tõsta seejärel jahutusrestile ja lase jahtuda, kuni need jõuavad toatemperatuurini. Kata juustukoogid kilega ja aseta külmkappi vähemalt 6–8 tunniks, eelistatavalt üleöö.
j) Serveeri vahukoore ja täiendava laimikoorega.

59.Double Chocolate Fudge juustukook

KOOSTISOSAD:
KOORIKU EEST
- 1 (6,1 untsi ehk 171 g) karp gluteenivabad šokolaadiküpsised
- 1 supilusikatäis (12 g) granuleeritud suhkrut
- 1/4 teelusikatäit soola
- 2 supilusikatäit (28 g) soolata võid, sulatatud

JUUSTUKOOGI JAOKS
- 11/4 tassi (219 g) poolmagusaid šokolaaditükke
- 1 nael (454 g) toorjuustu toatemperatuuril
- 3/4 tassi (144 g) granuleeritud suhkrut
- 3 suurt muna, toatemperatuuril
- 1/4 tassi (60 g) hapukoort
- 2 teelusikatäit (10 ml) gluteenivaba vaniljeekstrakti
- 11/2 tassi (355 ml) vett
- Kondiitri suhkur, tolmutamiseks

JUHISED:
KOORIK

a) Pihustage 7 x 3-tollist (18 x 7,6 cm) vedruvormi mittenakkuva küpsetusspreiga. Lõika panni põhjaga sama suur pärgamendiring ja aseta see panni sisse. Pihustage pärgament. Kõrvale panema.

b) Aseta küpsised köögikombaini kaussi ja pulsi, kuni need meenutavad jämedat liiva. Vala küpsisepuru keskmisesse kaussi ning lisa suhkur ja sool. Sega segamiseks. Lisa sulatatud või ja sega, kuni segu kleepub kokku.

c) Suru puru õrnalt ühtlaselt ettevalmistatud panni põhjale. Kasutage sõrmi või lamedapõhjalist klaasi, et koor paigale suruda. Pane koorik täidise valmistamise ajaks sügavkülma.

JUUSTUKOOK

d) Keskmises mikrolaineahjus kasutatavas kausis sulatage šokolaaditükid suurel võimsusel, segades iga 30 sekundi järel, kuni need on ühtlased ja täielikult sulanud. Lase veidi jahtuda.

e) Vahusta toorjuust mikseri kausis ühtlaseks. Lisage 3/4 tassi (144 g) granuleeritud suhkrut ja jätkake peksmist. Lisa ükshaaval munad, vahustades 1 minut ja kraapides pärast iga lisamist kausi külgi alla. Vahusta hapukoor ja vanill, kuni need on täielikult segunenud.

f) Mikseriga madalal kiirusel lisa aeglaselt jahtunud sulašokolaad. Sega täielikult sisse.

g) Vala täidis ettevalmistatud koorikusse.

h) Õhumullide eemaldamiseks koputage tassi vastu letti.
i) Asetage kiirkeetja sisemise poti põhja kihv ja lisage vesi.
j) Mähi vedruvormi põhi tihedalt alumiiniumfooliumi. Pihustage fooliumitükk kergelt mittenakkuva küpsetusspreiga ja asetage (pihustatud pool allpool) juustukoogile. Kasutades fooliumtropi, langetage pott naelale.
k) Sulgege ja lukustage kaas, veendudes, et auru vabastamise nupp on tihendusasendis. Küpseta kõrgel rõhul 56 minutit. Kui see
l) on lõppenud, kasutage kiirvabastust, keerates vabastusnupu õhutusasendisse, vabastades kogu auru. Kui tihvt alla kukub, avage kaas ja avage see ettevaatlikult. Vajutage Tühista.
m) Liigutage juustukook fooliumtropiga ettevaatlikult traatjahutusrestile. 1 tunni pärast eemaldage foolium ja lükake õhukese noaga ümber juustukoogi servade, et see pannilt lahti saada.
n) Kata kilega ja hoia külmkapis vähemalt 8 tundi või üleöö, kuni see on täielikult hangunud.
o) Lõika 8 viiluks ja serveeri, puista peale kondiitri suhkrut.

60. Mehhiko šokolaadikook

KOOSTISOSAD:
- 11/2 tassi (355 ml) vett
- 11/3 tassi (160 g) universaalne gluteenivaba
- 1 tass (175 g) poolmagusat šokolaadi jahusegu
- laastud, jagatud
- 1/2 tl söögisoodat
- 1/4 tassi (56 g) soolata võid, pehmendatud
- 1 spl (7 g) jahvatatud kaneeli
- 1 tass (192 g) suhkrut   1/4 tl soola
- 2 suurt muna, toatemperatuuril
- 1/2 tassi (120 ml) petipiima, jagatud
- 1/3 tassi (80 ml) šokolaadisiirupit
- 2 supilusikatäit (30 ml) koort
- 1 spl (15 ml) gluteenivaba   vaniljeekstrakti

JUHISED:

a) Valage vesi kiirkeedupotti sisemisse potti. Lisage potti trivet. Pihustage 7 x 3-tollist (18 x 7,6 cm) vedruvormi mittenakkuva küpsetusspreiga. Kõrvale panema.

b) Asetage 2/3 tassi (115 g) šokolaaditükke mikrolaineahjus kasutatavasse kaussi. Küpseta mikrolaineahjus suure võimsusega 30-sekundiliste intervallidega, kuni šokolaad on sulanud ja ühtlane, segades iga kord korralikult. Kõrvale panema.

c) Vahusta mikseri kausis võid ja suhkrut 6 minutit või kuni segu on kerge ja kohev. Lisa ükshaaval munad, pärast iga lisamist korralikult vahustades. Lisa šokolaadisiirup, vanill ja sulatatud šokolaaditükid ning klopi, kuni need on hästi segunenud.

d) Sega keskmises kausis jahusegu, söögisooda, kaneel ja sool. Lisa mikseriga madalal kiirusel pool jahusegust šokolaaditaignale, sega korralikult läbi. Lisage 1/4 tassi (60 ml) petipiima ja segage. Lisa ülejäänud jahusegu ja seejärel ülejäänud petipiim, jätkates vahustamist madalal kiirusel, kuni segu on lihtsalt segunenud.

e) Valage tainas ettevalmistatud pannile. Pihustage alumiiniumfooliumitüki ühte külge mittekleepuva küpsetusspreiga ja katke kook (pihustatud pool allapoole), surudes servad kinni. Kasutades fooliumtropi, langetage kook kiirkeedupotti.

f) Sulgege ja lukustage kaas, veendudes, et auru vabastamise nupp on tihendusasendis. Küpseta kõrgel rõhul 55 minutit. Kui küpsetusaeg on lõppenud, laske 10 minutit loomulikku vabanemist, seejärel keerake

nupp õhutusasendisse, vabastades kogu järelejäänud auru. Kui tihvt alla kukub, avage kaas ja avage see ettevaatlikult.
g) Tõsta kook fooliumitropi abil potist ja tõsta traatjahutusrestile. Eemalda foolium pealt ja lase koogil 10 minutit jahtuda. Eemaldage kook kitsa spaatli või õhukese noaga ettevaatlikult vormi külgedelt ja pöörake jahutusrestile. Lase täielikult jahtuda.
h) Kui kook on jahtunud, valmista glasuur.
i) Küpsetage ülejäänud 1/3 tassi (60 g) šokolaaditükke mikrolaineahjus kasutatavas kausis suurel võimsusel 2 minutit, segades iga 30 sekundi järel, kuni need on ühtlased. Lisage veel koor ja mikrolaineahjus
j) 15 sekundit või kuni see on lihtsalt soe. Sega ühtlaseks ja läikivaks. Nirista glasuur koogile. Enne serveerimist lase koogil seista veel 30 minutit kuni 1 tund, et glasuur hanguks.

61.Vahemere ploomi-ploomi kook

KOOSTISOSAD:
TOOGI JAOKS:
- 1 tass täistera nisujahu
- ½ tassi mandlijahu
- 1 tl küpsetuspulbrit
- ½ tl söögisoodat
- ¼ teelusikatäit soola
- ½ tassi oliiviõli
- ½ tassi mett
- 2 suurt muna
- 1 tl vaniljeekstrakti
- ½ tassi kreeka jogurtit
- 1 tass kivideta ploome, tükeldatud
- 1 tass ploome, viilutatud

KATTEKS:
- 2 supilusikatäit mett
- ¼ tassi hakitud mandleid

JUHISED:
a) Kuumuta ahi temperatuurini 350 °F (180 °C). Määri ja jahuga koogivorm.
b) Vahusta kausis täisteranisujahu, mandlijahu, küpsetuspulber, sooda ja sool.
c) Eraldi suures kausis vahustage oliiviõli, mesi, munad ja vaniljeekstrakt hästi segunenud.
d) Lisa kuivained märgadele koostisosadele, sega, kuni need on lihtsalt segunenud.
e) Voldi sisse kreeka jogurt, kuni tainas on ühtlane.
f) Murra tükeldatud ploomid õrnalt sisse.
g) Vala tainas ettevalmistatud koogivormi ja silu pealt.
h) Laota taigna peale viilutatud ploomid.
i) Nirista ploomidele mett ja puista peale hakitud mandleid.
j) Küpseta 35–40 minutit või kuni keskele torgatud hambaork tuleb puhtana välja.
k) Lase koogil 10 minutit pannil jahtuda, enne kui tõstad selle restile täielikult jahtuma.
l) Kui see on jahtunud, viiluta ja serveeri.

62.Mandli ja apelsini jahuta kook

KOOSTISOSAD:
- 1 tass mandlijahu
- ¾ tassi suhkrut
- 3 suurt muna
- 1 apelsini koor
- ¼ tassi värsket apelsinimahla
- 1 tl küpsetuspulbrit
- ¼ teelusikatäit soola
- Kaunistuseks viilutatud mandlid

JUHISED:
a) Kuumuta ahi temperatuurini 350 °F (180 °C). Määri ja vooderda koogivorm.
b) Vahusta kausis mandlijahu, suhkur, munad, apelsinikoor, apelsinimahl, küpsetuspulber ja sool ühtlaseks massiks.
c) Vala tainas ettevalmistatud pannile ja puista peale viilutatud mandleid.
d) Küpseta 25-30 minutit või kuni keskele torgatud hambaork tuleb puhtana välja.
e) Enne viilutamist lase koogil jahtuda.

63. Apelsini ja oliiviõli kook

KOOSTISOSAD:
- 2 tassi mandlijahu
- 1 tass suhkrut
- 4 suurt muna
- ½ tassi ekstra neitsioliiviõli
- 2 apelsini koor
- 1 apelsini mahl
- 1 tl küpsetuspulbrit
- ¼ teelusikatäit soola
- Tolmutamiseks tuhksuhkur

JUHISED:
a) Kuumuta ahi temperatuurini 350 °F (180 °C). Määri ja jahuga koogivorm.
b) Vahusta suures kausis mandlijahu, suhkur, munad, oliiviõli, apelsinikoor, apelsinimahl, küpsetuspulber ja sool, kuni need on hästi segunenud.
c) Vala tainas ettevalmistatud pannile ja küpseta 30-35 minutit või kuni keskele torgatud hambaork tuleb puhtana välja.
d) Lase koogil jahtuda, seejärel puista enne serveerimist üle tuhksuhkruga.

64. Šokolaadivahukook

KOOSTISOSAD:
TOOGI JAOKS:
- 2 tassi mandlijahu
- ½ tassi magustamata kakaopulbrit
- 1 tl küpsetuspulbrit
- ½ tl söögisoodat
- ¼ teelusikatäit soola
- 4 suurt muna
- ½ tassi magustamata mandlipiima
- ¼ tassi sulatatud kookosõli
- 1 tl vaniljeekstrakti

ŠOKOLAADIVAHU JAOKS:
- 1 ½ tassi rasket koort
- ½ tassi suhkruvaba tumeda šokolaadi laastud
- 1 tl vaniljeekstrakti

JUHISED:

TOOGI JAOKS:
a) Kuumuta ahi temperatuurini 350 °F (180 °C) ja määri ümmargune koogivorm.
b) Vahusta suures kausis mandlijahu, kakaopulber, küpsetuspulber, sooda ja sool.
c) Klopi eraldi kausis lahti munad ja lisa seejärel mandlipiim, sulatatud kookosõli ja vaniljeekstrakt. Sega hästi.
d) Valage märjad koostisosad kuivade koostisosade hulka ja segage, kuni need on hästi segunenud.
e) Vala tainas ettevalmistatud koogivormi ja silu pealt.
f) Küpseta 25-30 minutit või kuni keskele torgatud hambaork tuleb puhtana välja.
g) Lase koogil 10 minutit pannil jahtuda, enne kui tõstad selle restile täielikult jahtuma.

ŠOKOLAADIVAHU JAOKS:
h) Kuumuta potis ½ tassi koort, kuni see hakkab podisema. Eemaldage kuumusest.
i) Lisage kuumale koorele suhkruvabad tumeda šokolaadi laastud ja laske neil minut aega sulada. Sega ühtlaseks.
j) Vahusta eraldi kausis ülejäänud 1 tass koort vaniljeekstrakti, kuni moodustuvad jäigad tipud.
k) Sega sulatatud šokolaadisegu õrnalt vahukoore hulka, kuni see on hästi segunenud.

KOOSTAMINE:
l) Kui kook on täielikult jahtunud, lõigake see horisontaalselt pooleks.
m) Määri koogi alumisele poolele kiht šokolaadivahtu.
n) Aseta koogi pealmine pool vahukihi peale.
o) Kata kogu kook ülejäänud šokolaadivahuga.
p) Tõsta kook vähemalt 4 tunniks või üleöö külmkappi tahenema.

65. Šokolaadi rullkook

KOOSTISOSAD:
TOOGI JAOKS:
- 6 suurt muna, eraldatud
- ½ tassi mandlijahu
- ¼ tassi magustamata kakaopulbrit
- 1 tl küpsetuspulbrit
- ¼ teelusikatäit hambakivi
- 1 tl vaniljeekstrakti

TÄIDISEKS:
- 1 tass rasket koort
- ¼ tassi magustamata kakaopulbrit
- 1 tl vaniljeekstrakti

JUHISED:
TOOGI JAOKS:
a) Kuumuta ahi temperatuurini 350 °F (175 °C). Vooderda tarretisevorm küpsetuspaberiga.
b) Vahusta munakollased suures kausis kahvatuks ja paksuks. Lisa mandlijahu, kakaopulber, küpsetuspulber ja vaniljeekstrakt. Segage, kuni see on hästi segunenud.
c) Vahusta eraldi kausis munavalged ja viinakoor, kuni moodustuvad tugevad piigid.
d) Sega munavalged õrnalt munakollasesegu hulka, kuni need on lihtsalt segunenud.
e) Laota tainas ühtlaselt ettevalmistatud pannile.
f) Küpseta 12-15 minutit või kuni ülaosa on tahenenud ja servad hakkavad panni külgedelt eemale tõmbuma.
g) Võta ahjust välja ja lase veidi jahtuda.

TÄIDISEKS:
h) Vahusta kausis koor, kakaopulber ja vaniljeekstrakt, kuni moodustuvad jäigad tipud.

KOOSTAMINE:
i) Kui kook on veidi jahtunud, keerake see küpsetuspaberi abil õrnalt rulli, alustades ühest lühikesest otsast.
j) Lase rulli keeratud koogil täielikult jahtuda.
k) Rulli kook ettevaatlikult lahti ja määri pinnale ühtlaselt vahukooretäidis.
l) Rulli kook uuesti üles, ilma küpsetuspaberita.
m) Valikuline: pühkige pealmine osa täiendava kakaopulbriga.
n) Enne viilutamist ja serveerimist hoia vähemalt 2 tundi külmkapis.

66.Sidruni-mooniseemnekook

KOOSTISOSAD:
SIDRUNI-MONISEEMNEKOOGILISEKS:
- 2 tassi mandlijahu
- ⅓ tassi kookosjahu
- 1 spl mooniseemneid
- 1 tl küpsetuspulbrit
- ¼ teelusikatäit soola
- ½ tassi soolata võid, sulatatud
- 4 suurt muna
- ⅓ tassi magustamata mandlipiima
- 2 sidruni koor
- 1 sidruni mahl
- 1 tl vaniljeekstrakti

MURAKAS VÕIKREEMI JUURDE:
- 1 tass soolata võid, pehmendatud
- ½ tassi värskeid murakaid
- 1 tl vaniljeekstrakti

JUHISED:
SIDRUNI-MOONISEEMNEKOOGIL:
a) Kuumuta ahi temperatuurini 350 °F (175 °C). Määri ja vooderda koogivorm küpsetuspaberiga.
b) Vahusta suures kausis mandlijahu, kookosjahu, mooniseemned, küpsetuspulber ja sool.
c) Sega eraldi kausis sulatatud või, munad, mandlipiim, sidrunikoor, sidrunimahl ja vaniljeekstrakt.
d) Lisage märjad koostisosad kuivadele koostisosadele ja segage, kuni need on hästi segunenud.
e) Vala tainas ettevalmistatud koogivormi ja silu pealt.
f) Küpseta 25-30 minutit või kuni keskele torgatud hambaork tuleb puhtana välja.
g) Enne glasuuri panemist lase koogil täielikult jahtuda.

MURAKAS VÕIKREEMI JUURDE:
h) Püreesta murakad segistis ühtlaseks massiks. Kurna püree seemnete eemaldamiseks.
i) Vahusta pehmendatud või suures kausis kreemjaks. Lisa murakapüree ja vaniljeekstrakt. Vahusta, kuni see on hästi segunenud ja kohev.

KOOGI KOKKUPANEK:
j) Kui kook on täielikult jahtunud, määri selle peale kiht murakavõikreemi.
k) Aseta peale teine koogikiht ja korda, kuni kõik kihid on virnastatud.
l) Valikuline: määrige kogu kook ülejäänud muraka-võikreemiga.
m) Kaunista soovi korral värskete murakate ja sidruniviiludega.

67. Mustika-laimi kook

KOOSTISOSAD:
MUSTIKA-LAIMI TORTI JUURDE:
- 2 tassi mandlijahu
- ⅓ tassi kookosjahu
- 1 tl küpsetuspulbrit
- ¼ teelusikatäit soola
- ½ tassi soolata võid, sulatatud
- 4 suurt muna
- 2 laimi koor
- 1 tl vaniljeekstrakti
- 1 tass värskeid mustikaid

JUHISED:
MUSTIKA-LAIMI TORTI JUURDE:
a) Kuumuta ahi temperatuurini 350 °F (175 °C). Määri ja vooderda koogivorm küpsetuspaberiga.
b) Vahusta suures kausis mandlijahu, kookosjahu, küpsetuspulber ja sool.
c) Sega eraldi kausis sulatatud või, munad, laimikoor, laimimahl ja vaniljeekstrakt.
d) Lisage märjad koostisosad kuivadele koostisosadele ja segage, kuni need on hästi segunenud.
e) Sega õrnalt sisse värsked mustikad.
f) Vala tainas ettevalmistatud koogivormi ja silu pealt.
g) Küpseta 25-30 minutit või kuni keskele torgatud hambaork tuleb puhtana välja.
h) Enne glasuurimist lase koogil täielikult jahtuda.
KOOGI KOKKUPANEK:
i) Kaunista täiendava laimikoore ja mustikatega.
j) Viiluta ja serveeri.

68.Seesami sidruni kruusikook

KOOSTISOSAD:
- 3 spl mandlijahu
- 1 spl seesamijahu
- ¼ teelusikatäit küpsetuspulbrit
- Näputäis soola
- 1 spl sulatatud võid
- 1 suur muna
- 1 spl sidrunimahla
- ½ tl sidrunikoort
- ¼ tl vaniljeekstrakti
- Valikuline: 1 supilusikatäis seesamiseemneid (katteks)

JUHISED:
a) Segage mikrolaineahjus kasutatavas kruusis mandlijahu, seesamijahu, küpsetuspulber ja näputäis soola. Sega hästi.
b) Lisa kuivainetele sulavõi, muna, sidrunimahl, sidrunikoor ja vaniljeekstrakt. Sega, kuni tainas on ühtlane.
c) Küpseta mikrolaineahjus kõrgel temperatuuril 1½ kuni 2 minutit või kuni kruusikook on keskel.
d) Valikuline: tekstuuri lisamiseks puista peale seesamiseemneid.
e) Enne serveerimist lase kruusikoogil mõni minut jahtuda.

69.Kaneelirulliga kruusikook

KOOSTISOSAD:
- 3 spl mandlijahu
- 1 spl sulatatud võid
- ¼ teelusikatäit küpsetuspulbrit
- ½ tl jahvatatud kaneeli
- 1 suur muna
- ¼ tl vaniljeekstrakti

JUHISED:
a) Sega mikrolaineahjus kasutatavas kruusis kokku mandlijahu, sulavõi, küpsetuspulber, kaneel, muna ja vaniljeekstrakt.
b) Mikrolaineahjus kõrgel temperatuuril 90 sekundit või kuni kook on keskelt hangunud.
c) Lase enne nautimist minut jahtuda.

VEGAN KOOGID

70.Snickerdoodle koogikesi suhkruvõikreemiga

KOOSTISOSAD:
KOKKIDE JAOKS
- 3 tassi universaalset jahu
- 1 spl küpsetuspulbrit
- 1 spl jahvatatud kaneeli
- ½ tl soola
- 1¼ tassi granuleeritud suhkrut
- 1 tass veganvõid, toatemperatuuril
- 2 tl vaniljeekstrakti
- 1 tass magustamata õunakastet
- 1 tass taimset piima, jagatud

KÜRMAKS
- 1½ tassi vegan võid, toatemperatuuril
- 2 spl pakitud pruuni suhkrut
- 1 tl jahvatatud kaneeli
- ½ tl vaniljeekstrakti
- 4 tassi tuhksuhkrut, jagatud

JUHISED:

a) Kuumuta ahi temperatuurini 350 °F. Vooderda 2 tavalist muffinivormi pabervooderdistega.
b) Valmista koogikesi: sega suures kausis jahu, küpsetuspulber, kaneel ja sool.
c) Vahusta teises suures kausis elektrilist saumikserit kasutades suhkrut ja võid keskmisel kuumusel umbes 5 minutit või kuni see muutub heledaks ja kohevaks. Lisa ¼ tassi kaupa vanilje, seejärel õunakaste, kraapides vajadusel kaussi alla.
d) Vähendage kiirust madalale ja lisage ⅓ jahusegust, segades, kuni see on segunenud, ja seejärel ½ tassi piima. Lisa veel ⅓ jahusegust, seejärel ülejäänud ½ tassi piima ja ülejäänud jahusegu. Vahusta, kuni see on täielikult segunenud.
e) Täida iga muffinitops ¾ täis. Küpseta 18–20 minutit, keerates pooleldi või kuni keskele torgatud hambaork tuleb puhtana välja. Eemaldage ahjust ja laske täielikult jahtuda, umbes 20 minutit.
f) Valmistage glasuur: vahustage elektrilise saumikseriga suures kausis võid, fariinsuhkrut, kaneeli ja vanilli keskmisel kuumusel umbes 5 minutit või kuni see on kerge ja kohev. Vähendage kiirust ja lisage aeglaselt 1 tass tuhksuhkrut, vahustades 1 minut. Suurendage kiirust keskmisele ja vahustage 3–4 minutit. Korrake 1 tassi kaupa ülejäänud 3 tassi tuhksuhkruga.
g) Külmutage koogikesi nihkelabida või suure tärniga või ümara otsaga torukotti kasutades.

71.Unistavad koorega täidetud šokolaadikoogid

KOOSTISOSAD:
- 1½ tassi universaalset jahu
- 1 tass granuleeritud suhkrut
- ¾ tassi Hollandi protsessiga kakaopulbrit
- 1½ tl söögisoodat
- ¾ tl küpsetuspulbrit
- 1 tass soja petipiima
- ½ tassi keedetud kohvi, kuum
- ½ tassi magustamata õunakastet
- 1 tl vaniljeekstrakti
- 2 tassi kookosevahukoort või poest ostetud, kuni vajaduseni jahutatud
- 1 tass piimavabu poolmagusaid šokolaaditükke
- ⅔ tassi kookos- või sojakoort
- 1 tass tuhksuhkrut ja vajadusel rohkem
- 1 spl sojapiima

JUHISED:

a) Kuumuta ahi temperatuurini 350 °F. Vooderda 2 tavalist muffinivormi pabervooderdistega.

b) Segage suures kausis jahu, granuleeritud suhkur, kakaopulber, söögisooda ja küpsetuspulber. Lisa pett, kohv, õunakaste ja vanill. Vispelda kokku.

c) Vala ettevalmistatud muffinivormidesse, täites iga tassi umbes poole võrra. Küpseta 18–20 minutit või kuni keskele torgatud hambaork tuleb puhtana välja. Võta ahjust välja. Lase täielikult jahtuda.

d) Viige vahukoor keskmise ümara otsaga torukotti või suletavasse kotti, mille nurk on ära lõigatud. Suru spaatli või vispli otsa abil iga koogikese keskele auk. Täida koorega. Pane koogikesi umbes 15 minutiks sügavkülma.

e) Kuumakindlas klaaskausis, mis on asetatud 2–3 tolli keeva veega täidetud poti kohale, kuumutage šokolaadilaaste ja kookoskoort sageli segades, kuni need sulavad. (Või sulatage mikrolaineahjus 30-sekundiliste intervallidega ühtlaseks, vahepeal segades.)

f) Vahusta väikeses kausis tuhksuhkur ja sojapiim ühtlaseks vahuks ning visplilt pudeneb glasuur lintidena. Kui see on liiga vedel, lisa 1 supilusikatäis korraga, kuni saavutatakse soovitud konsistents. Pange väikese ümmarguse otsaga torukotti või uuesti suletavasse kotti, mille nurk on väga väikese avause tegemiseks ära lõigatud.

g) Kasta või lusikaga sulatatud šokolaadi ganache iga koogi peale. Laske 10 minutit taheneda, seejärel tõmmake iga koogi keskele glasuurist silmuseid ja laske 15 minutit taheneda.

72.Ice Cream Sundae Cupcake koonused

KOOSTISOSAD:
- 24 lamedapõhjalist jäätisekoonust
- 2½ tassi universaalset jahu
- 2¼ tassi granuleeritud suhkrut, jagatud
- 1 tass vegan konfetti puista või laastud
- 1 spl pluss 1 tl küpsetuspulbrit
- 1 tl soola
- ¼ tassi vegan võid, toatemperatuuril
- 1 tass magustamata sojapiima
- ⅔ tassi viinamarjaseemneõli või kerget taimeõli
- ½ tassi magustamata õunakastet
- 4 tl vaniljeekstrakti, jagatud
- 3 untsi aquafabat
- ½ tl koort hambakivi
- 3 spl tuhksuhkrut

KAUNISTUSEKS
- Vegan šokolaad või vikerkaarepuistad
- Vegan maraschino kirsid

JUHISED:

a) Kuumuta ahi temperatuurini 350 °F. Vooderda 2 tavalist muffinivormi alumiiniumfooliumiga. Asetage jäätisekäbid ettevalmistatud muffinivormi õõnsustesse, vajadusel kortsutage alumiiniumfooliumit, et aidata neid stabiliseerida.

b) Segage suures kausis jahu, 1½ tassi granuleeritud suhkrut, puistad, küpsetuspulber ja sool. Vispelda kokku.

c) Lisa või ja lõika kondiitrilõikuri abil või jahusegusse, kuni see meenutab jämedat maisijahu. (Kui teil ei ole kondiitrilõikurit, kasutage 2 nuga, lõigates risti-rästi.)

d) Lisa piim, õli, õunakaste ja 2 tl vanilli. Vahusta elektrilise saumikseriga keskmisel massil ühtlaseks. Jaga taigen ühtlaselt jäätisekoonuste vahel, täites igaüks umbes ¾ ulatuses. Ärge täitke üle, vastasel juhul võivad need ümber minna või muutuda liiga raskeks, et püsti tõusta.

e) Küpseta 20–23 minutit või kuni keskele torgatud hambaork tuleb puhtana välja. Võta ahjust välja. Lase täielikult jahtuda.

f) Vahepeal vahustage teises suures kausis elektrilise saumikseriga või vispliga seisvas mikseris 8–10 minutit aquafabat, ülejäänud 2 tl vaniljet ja tartarikoort keskmisel kuumusel 8–10 minutit või kuni segu moodustub jäik. tipud. (Kui saate kausi tagurpidi keerata ja segu välja ei kuku, olete saavutanud jäigad tipud.) Lisage aeglaselt tuhksuhkur ja ülejäänud ¾ tassi granuleeritud suhkrut ning jätkake peksmist, kuni see on lahustunud ja kohev muutub läikivaks. särama.

g) Pange suure ümara otsaga torukotti või uuesti suletavasse kotti, mille nurk on ära lõigatud, ja keerake jahtunud koogikestele keerutades, et need meenutaksid pehmet serveerimist. Kaunista pealt puiste ja kirssidega.

73.Bataadi- ja kohvipruunid

KOOSTISOSAD:
- 1/3 tassi värskelt keedetud kuuma kohvi
- 1 unts magustamata šokolaadi, tükeldatud
- ¼ tassi rapsiõli
- ⅔ tassi bataadipüreed
- 2 tl puhast vaniljeekstrakti

JUHISED:
a) Kuumuta ahi 350 kraadi Fahrenheiti järgi.
b) Sega kausis kohv ja 1 unts šokolaad ning jäta 1 minutiks kõrvale.
c) Sega kausis õli, bataadipüree, vaniljeekstrakt, suhkur, kakaopulber ja sool. Sega kuni kõik on hästi segunenud.
d) Sega jahu ja küpsetuspulber eraldi kausis. Lisa šokolaaditükid ja sega korralikult läbi.
e) Sega kuivained õrnalt spaatliga märgade hulka, kuni kõik ained on segunenud.
f) Valage tainas küpsetusnõusse ja küpsetage 30–35 minutit või kuni keskele torgatud hambaork jääb puhtaks.
g) Laske täielikult jahtuda.

74. Kokolaadi-kommi juustukook

KOOSTISOSAD:
- 9-untsi karp šokolaadi vahvliküpsiseid; purustatud
- ¼ tassi suhkrut
- ¼ tassi taimset võid; sulanud
- 2 šokolaadiga kaetud karamelli-maapähkli nugatibatoone; jämedalt hakitud
- 2 pakki taimset toorjuustu; pehmendatud
- ½ tassi suhkrut
- ¾ tassi poolmagusaid šokolaaditükke; sulanud
- 1 tl vanilli
- taimne vahukoor

JUHISED:
a) Kombineerige esimesed 3 koostisosa; suru segu ühtlaselt 9-tollise vedruvormi põhjale ja 1-½ tolli ülespoole.
b) Puista hakitud nougatibatoonid ühtlaselt põhjale; kõrvale panema.
c) Vahusta taimne toorjuust mikseriga suurel kiirusel heledaks ja kohevaks.
d) Lisage järk-järgult suhkur, segades hästi.
e) Sega šokolaaditükid ja vanill; klopi segamiseni. Tõsta lusikaga peale kommikiht. Küpseta 350° juures 30 minutit.
f) Eemaldage ahjust ja lükake noaga ümber panni servade külgede vabastamiseks.
g) Lase restil toatemperatuurini jahtuda.
h) Kata kaanega ja jahuta vähemalt 8 tundi.
i) Serveerimiseks eemalda juustukook pannilt; peale piibu või nukk taimne vahukoor.

75.Küpsised ja koorekoogid

KOOSTISOSAD:
KOKKIDE JAOKS
- 2½ tassi universaalset jahu
- 2½ teelusikatäit küpsetuspulbrit
- ½ tl soola
- 1 tass granuleeritud suhkrut
- ½ tassi taimeõli
- ½ tassi magustamata õunakastet
- 1 tl vaniljeekstrakti
- 1¼ tassi magustamata sojapiima, jagatud
- 2 tassi jämedalt purustatud vegan šokolaadi võileivaküpsiseid

KÜRMAKS
- 3 tassi tuhksuhkrut
- 1½ tassi vegan šokolaadi võileiva küpsisepuru
- 1 tass veganvõid, toatemperatuuril
- 2 spl magustamata sojapiima
- 1 tl vaniljeekstrakti
- 24 vegan mini šokolaadi võileivaküpsist, kaunistuseks

JUHISED:
a) Kuumuta ahi temperatuurini 350 °F. Vooderda 2 tavalist muffinivormi pabervooderdistega.
b) Valmistage koogikesi: segage suures kausis jahu, küpsetuspulber ja sool.
c) Vahusta teises suures kausis elektrilist saumikserit kasutades keskmisel kuumusel umbes 3 minutit suhkrut, õli, õunakastet ja vaniljet või kuni segu on segunenud ja tainas on kerge ja kohev.
d) Alustades ja lõpetades jahuseguga, lisage umbes ⅓ jahusegust, seejärel pool piimast, kraapides lisamise vahepeal kaussi alla. Korrake, kuni kõik koostisosad on lisatud. Voldi sisse purustatud küpsised.
e) Jaotage tainas ühtlaselt muffinivormidesse, täites iga tassi umbes ¾ ulatuses. Küpseta 18–20 minutit või kuni keskele torgatud hambaork tuleb puhtana välja. Võta ahjust välja. Lase täielikult jahtuda.
f) Valmistage glasuur: vahustage elektrilise saumikseriga suures kausis suhkur, küpsisepuru, või, piim ja vanill keskmisel massil ühtlaseks massiks. Torka või määri koogikestele ja kaunista miniküpsistega.

76.Maasika-Vanilli Küpsetatud D'oh-pähklid

KOOSTISOSAD:
- 3 spl veganvõid, sulatatud, pluss veel määrimiseks
- 1¼ tassi universaalset jahu
- 1 tass magustamata sojapiima, jagatud
- ½ tassi granuleeritud suhkrut
- 1½ tl vaniljeekstrakti, jagatud
- 1 tl küpsetuspulbrit
- ¼ teelusikatäit soola
- 1 tass maasikamoosi
- 1 tass tuhksuhkrut
- 3 kuni 4 tilka veganroosa geeljas toiduvärvi
- ⅓ tassi vegan vikerkaarepuistad

JUHISED:
a) Kuumuta ahi 350ºF-ni. Määrige 2 mittenakkuvat sõõrikuvormi. Vooderda äärega küpsetusplaat küpsetuspaberiga ja aseta selle peale rest.
b) Segage suures kausis jahu, ¾ tassi piima, granuleeritud suhkur, või, 1 tl vanilli, küpsetuspulber ja sool. Segage, kuni see on hästi segunenud. Tõsta lusikaga ettevalmistatud vormidesse, täites ¼ ulatuses. Lisage igale sõõrikule kiht moosi (kui teie moos on väga paks, küpseta mikrolaineahjus 20–30 sekundit, et see lahti saada), seejärel valage taignaga, täites ¾ täis.
c) Küpseta 10 kuni 12 minutit või kuni pealsed on küpsed. Võta ahjust välja, lase 5 minutit jahtuda, seejärel tõsta restile täielikult jahtuma.
d) Sega keskmises kausis tuhksuhkur, ülejäänud ½ tl vaniljet, ¼ tassi piima ja toiduvärv. Vahusta, kuni glasuur moodustab niristamisel siledad paelad ja värvus on sügavroosa.
e) Kasta iga sõõrik glasuuri sisse ja tagasi restile. Puista peale puistad ja lase 10 minutit seista, et taheneda.

77.Glasuuritud mustika Streuseli kohvikook

KOOSTISOSAD:
TOOGI JÄRGI
- ¼ tassi pluss 2 supilusikatäit veganvõid toatemperatuuril, pluss veel määrimiseks
- 1 tass universaalset jahu ja veel tolmu puhastamiseks
- 2 spl kuuma vett
- 1 spl jahvatatud linaseemneid
- 1¼ teelusikatäit küpsetuspulbrit
- ¼ teelusikatäit soola
- ½ tassi granuleeritud suhkrut
- 1 tass magustamata mandlipiima
- 1 tl vaniljeekstrakti
- 1¼ tassi värskeid või külmutatud mustikaid, jagatud

STREUSELI KATTEKS
- ½ tassi universaalset jahu
- ½ tassi pakitud pruuni suhkrut
- ½ tassi peeneks hakitud pekanipähklit
- ¼ tassi vegan võid, sulatatud
- 1 tl jahvatatud kaneeli

GLASUURI KOHTA:
- 1 tass tuhksuhkrut
- 2 spl magustamata mandlipiima

JUHISED:

a) Kuumuta ahi temperatuurini 350 °F. Määri ja jahuga 8x8-tolline küpsetuspann.
b) Valmista kook: Sega väikeses kausis vesi ja linaseemned kokku. Lase seista umbes 5 minutit.
c) Sega keskmises kausis jahu, küpsetuspulber ja sool.
d) Vahusta elektrilise saumikseriga suures kausis suhkrut ja võid keskmisel kuumusel umbes 4 minutit või kuni see muutub heledaks ja kohevaks. Lisa piim, linaseemnesegu ja vanill ning sega hästi. Lisa aeglaselt kuivained ja sega ühtlaseks massiks.
e) Valmistage streuseli kate: segage keskmises kausis jahu, suhkur, pekanipähklid, või ja kaneel. Segage, kuni see on hästi segunenud.
f) Vala pool taignast ettevalmistatud pannile ja silu ühtlaseks kihiks. Tõsta peale pool streuselist ja 1 tass mustikaid, seejärel vala peale ülejäänud tainas. Puista peale ülejäänud streusel ja ¼ tassi mustikaid.
g) Küpseta 35 minutit või kuni keskele torgatud hambaork tuleb puhtana välja. Eemaldage ahjust, laske 20–30 minutit jahtuda, seejärel asetage restile täielikult jahtuma.
h) Valmistage glasuur: vahustage väikeses kausis suhkur ja piim paksuks, kuid valatavaks. Nirista jahtunud koogile.

78.Banaanipudingi kook

KOOSTISOSAD:
- ¼ tassi vegan võid, toatemperatuuril, pluss veel määrimiseks
- 2½ tassi universaalset jahu
- 1½ tassi granuleeritud suhkrut
- 1 spl pluss 1 tl küpsetuspulbrit
- 1 tl soola
- 2 (3,4 untsi) pakki vegan kiirbanaanipudingi segu, jagatud
- 1½ tassi magustamata kookospiima
- 1 tass küpset banaani, purustatud, pluss 2 banaani, lõigatud ½ tolli paksusteks ringideks
- 2 tassi kookoskoort
- 2 spl tuhksuhkrut

JUHISED:

a) Kuumuta ahi 350ºF-ni. Määri 2 (9-tollist) ümmargust koogivormi, seejärel vooderda põhjad küpsetuspaberiga ja määri uuesti.

b) Sega suures kausis jahu, granuleeritud suhkur, küpsetuspulber ja sool. Lisa või ja lõika kondiitrilõikuri abil või jahusegusse, kuni see meenutab jämedat maisijahu. (Kui teil ei ole kondiitrilõikurit, kasutage 2 nuga, lõigake risti-rästi liigutustega.) Lisage 1 pakk kiirpudingi segu, piim ja püreestatud banaan. Kasutades elektrilist saumikserit, sega keskmisel ühtlaseks massiks.

c) Jaga ühtlaselt ettevalmistatud vormide vahel, siludes ühtlaseks kihiks, ja küpseta 25–30 minutit või kuni keskele torgatud hambaork jääb puhtaks. Võta ahjust välja. Lase täielikult jahtuda.

d) Vahusta kausis elektrilise saumikseriga tugevalt kookoskoor. Lisa tuhksuhkur ja jatka vahustamist. Kui segu hakkab paksenema, lisa ülejäänud pakk pudingisegu ja sega ühtlaseks ja kreemjaks. Tõsta vähemalt 30 minutiks külmkappi.

e) Tõsta 1 kook koogiplaadile ja tõsta peale pool kreemitäidisest, silu ühtlaseks kihiks. Aseta ülejäänud kook peale ja kata ülejäänud täidisega, kasutades pööriste tekitamiseks nihkespaatlit. Kõige peale tõsta viilutatud banaanid.

79.Porgandikook toorjuustukreemiga

KOOSTISOSAD:
TOOGI JÄRGI
- 1 tass rapsiõli, lisaks veel määrimiseks
- 2 tassi universaalset jahu, lisaks veel tolmu eemaldamiseks
- 2½ tl jahvatatud kaneeli
- ¾ tl söögisoodat
- ½ tl küpsetuspulbrit
- ½ tl jahvatatud ingverit
- ¼ teelusikatäit soola
- ¼ tl jahvatatud muskaatpähklit
- 1½ tassi granuleeritud suhkrut
- 1 tass magustamata õunakastet
- 3 tassi riivitud porgandit

KÜRMAKS
- ½ tassi vegan võid, toatemperatuuril
- 1 (8 untsi) konteiner tavaline vegan toorjuustu, kergelt pehmendatud
- 1 tl vaniljeekstrakti
- 3 kuni 5 tassi tuhksuhkrut
- Vajadusel 1 kuni 2 spl taimset piima

JUHISED:
a) Kuumuta ahi 350ºF-ni. Määri ja jahuga 9x13-tolline küpsetuspann.
b) Valmistage kook: segage suures kausis jahu, kaneel, sooda, küpsetuspulber, ingver, sool ja muskaatpähkel. Lisa suhkur, õunakaste ja õli. Vahusta elektrilise saumikseriga keskmisel massil ühtlaseks. Murra porgandid õrnalt sisse.
c) Valage tainas ettevalmistatud pannile ja küpsetage 35 minutit või kuni keskele torgatud hambaork jääb puhtaks. Võta ahjust välja. Lase täielikult jahtuda.
d) Valmistage glasuur: vahustage elektrilise saumikseriga suures kausis või, toorjuust ja vanill keskmisel kuumusel kohevaks. Lisage suhkrut 1 tassi kaupa, kuni jääkiht on paks ja määritav. (Pange tähele, et toorjuustu glasuur peaks olema paksem ja stabiilsem kui võikreem. Selle konsistentsi saavutamiseks kasutage piisavalt suhkrut.) Kui glasuur on liiga paks, lahjendage seda piimaga. Kui glasuur on liiga õhuke, lisa 1 supilusikatäis korraga tuhksuhkrut, kuni see pakseneb.
e) Määri glasuur ühtlaselt koogile.

80. Kahekordne šokolaaditorte

KOOSTISOSAD:
TORTE EEST
- 1 tass veganvõid, sulatatud, pluss veel määrimiseks
- 3 tassi universaalset jahu, lisaks veel tolmu eemaldamiseks
- 2 tassi piimavabu poolmagusaid šokolaaditükke
- 2 tassi granuleeritud suhkrut
- 1 tass Hollandi protsessiga kakaopulbrit
- 2 spl lahustuvat kohvi
- 2 tl küpsetuspulbrit
- 1 tl söögisoodat
- 1 tass magustamata õunakastet
- 1 tass magustamata kookosjogurtit
- 1 tass kuuma vett

KÜRMAKS
- 1 tass vegan toorjuustu, toatemperatuuril
- 1 tass Hollandi protsessiga kakaopulbrit
- ⅓ tassi granuleeritud suhkrut
- 1 tl vaniljeekstrakti
- ⅛ teelusikatäis soola
- 2 tassi kookosvahukoort või poest ostetud
- 2 spl riivitud piimavaba 70% tumedat šokolaadi, kaunistuseks

JUHISED:

a) Kuumuta ahi 350ºF-ni. Määri ja jahu 2 (9-tollist) ümmargust koogivormi.
b) Valmista tort: Töötle köögikombainis šokolaaditükid ja suhkur, kuni laastud on peeneks hakitud. Tõsta suurde kaussi. Lisa jahu, kakaopulber, lahustuv kohv, küpsetuspulber ja sooda.
c) Lisa õunakaste, jogurt, vesi ja või. Vahusta ühtlaseks. Jaga taigen ühtlaselt ettevalmistatud vormide vahel.
d) Küpseta 25–30 minutit või seni, kuni keskele torgatud hambaork jääb puhtaks. Võta ahjust välja. Laske enne vormidest eemaldamist täielikult jahtuda, umbes 1½ tundi.
e) Valmistage glasuur: vahustage suures kausis elektrilise saumikseriga toorjuust, kakaopulber, suhkur, vanill ja sool ühtlaseks. Voldi sisse vahukoor.
f) Lõika koogid pikuti pooleks, et saaks 4 kihti. Pane 1 kiht koogivormile ja lisa ¼ glasuurist. Tõsta peale teine koogikiht. Korrake, kuni kõik 4 tordikihti on virnastatud ja pealmine kiht on pealt härmatis. Kaunista tumeda šokolaadiga. Enne serveerimist hoia vähemalt 4 tundi külmkapis.

81.Röstitud kookoskihi kook

KOOSTISOSAD:
TOOGI JÄRGI
- ¾ tassi veganvõid, toatemperatuuril, pluss veel määrimiseks
- 1½ tassi hakitud magustamata kookospähklit
- 1 (5 untsi) purk kookospiima
- 1 spl õunasiidri äädikat
- 3 tassi universaalset jahu
- 2 tl küpsetuspulbrit
- ½ tl söögisoodat
- ½ tl soola
- 1½ tassi granuleeritud suhkrut
- 1 tass magustamata õunakastet
- 1 tl vaniljeekstrakti
- 1 tl kookospähkli ekstrakti

KÜRMAKS
- 2 tassi vegan võid, toatemperatuuril
- 6 tassi tuhksuhkrut
- 1 tl vaniljeekstrakti
- 1 tl kookospähkli ekstrakti

JUHISED:

a) Kuumuta ahi 350ºF-ni. Vooderda väike äärega ahjuplaat küpsetuspaberiga. Määri 2 (9-tollist) ümmargust koogivormi, seejärel vooderda põhjad küpsetuspaberiga ja määri uuesti.

b) Valmistage kook: asetage purustatud kookospähkel ühe kihina ettevalmistatud ahjuplaadile. Küpsetage, jälgides tähelepanelikult, et mitte põletada, umbes 5 minutit või kuni see on kergelt röstitud. Võta ahjust välja. Lase täielikult jahtuda.

c) Segage piim ja äädikas 4-tassises klaasist mõõtetopsis. Lase seista 5 minutit.

d) Vahusta suures kausis jahu, küpsetuspulber, sooda ja sool. Vahusta teises suures kausis elektrilise saumikseriga keskmisel kuumusel umbes 5 minutit või kuni segu on kerge ja kohev. Lisa õunakaste, vanill ja kookoseekstrakt. Sega kuni segunemiseni.

e) Vähendage mikseri kiirust madalale. Alustades ja lõpetades kuivainetega, lisa vaheldumisi kuivained ja piimasegu, kraapides iga lisamise vahel kaussi alla. Voldi õrnalt sisse ½ tassi röstitud kookospähklit.

f) Jagage tainas ühtlaselt ettevalmistatud vormide vahel ja küpsetage 40–45 minutit või kuni keskele torgatud hambaork jääb puhtaks. Võta ahjust välja. Lase 30 minutit jahtuda, seejärel tõsta jahtumise lõpetamiseks restile.

g) Valmistage glasuur: vahustage elektrilise saumikseriga suures kausis või keskmisel kuumusel kuni kahvatuks ja kreemjaks. Vähendage kiirust keskmisele ja lisage ½ tassi kaupa suhkur, segades iga lisamise vahel hästi. Lisage vanill, kookospähkli ekstrakt ja ½ tassi röstitud kookospähklit. Sega kuni segunemiseni.

h) Tasandage kookide pealsed (vt tehnikanipp), seejärel asetage taldrikule 1 tordikiht. Lisa ⅓ glasuurist ja silu kooki katvaks ühtlaseks kihiks. Aseta peale ülejäänud kook ja seejärel ülejäänud glasuur. Kasutades nihkespaatlit, silu glasuur külgedelt alla, et kogu kook jäätumaks. Puista peale ülejäänud ½ tassi röstitud kookospähklit.

82.Kook kruusis

KOOSTISOSAD:
- 3 supilusikatäit mandlijahu
- 1 banaan, purustatud
- ½ tl küpsetuspulbrit
- 1 sl kookosõiesuhkrut
- ½ tl jahvatatud kaneeli
- Näputäis jahvatatud ingverit
- Näputäis soola
- 1 spl mandliõli, pehmendatud
- ½ tl orgaanilist vaniljeekstrakti

JUHISED:
a) Segage segamisnõus kõik koostisosad ja segage hoolikalt.
b) Tõsta mikrolaineahjukindlasse kruusi.
c) Mikrolaineahjus suure võimsusega umbes 2 minutit.

83.Kastani-kakao kook

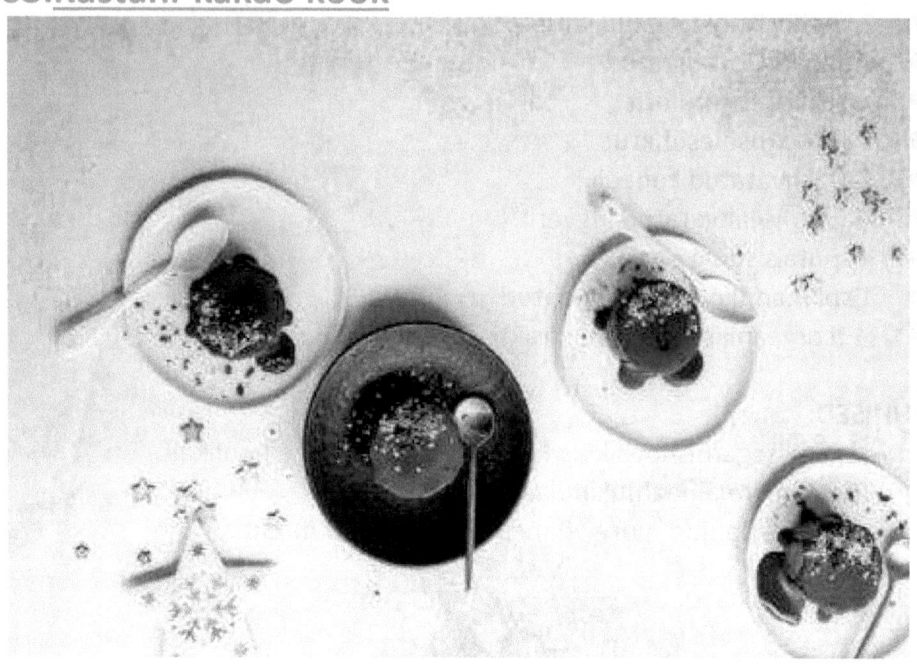

KOOSTISOSAD:
- 1 kl + 1 kuhjaga supilusikatäis) kastanijahu
- 1/2 tl jahvatatud mandleid
- 3 spl linaseemneid segada 9 spl veega
- 1/2 tl koort hambakivi
- 1/2 tassi toorkakaopulbrit
- paar tilka steviat
- 3/4 tassi kookospiima
- 1/2 tl söögisoodat
- Purustatud kastanid

JUHISED:
a) Kuumuta ahi 180C ventilaatorini (350F).
b) Määri pirukas/tordivorm.
c) Segage puhtas segamisnõus linaseemnesegu ja hambakivi. Kõrvale panema.
d) Sega teises segamiskausis kastanijahu, jahvatatud mandlid, stevia, toorkakao, söögisooda ja kookospiim.
e) Voldi sisse linaseemne/viinakivi segu.
f) Vala piruka/tartovormi.
g) Soovi korral puista peale purustatud kastaneid.
h) Küpseta 35-40 minutit keskmisel siinil.

84.Musta metsa kook

KOOSTISOSAD:
TOOGI JÄRGI
- ½ tassi rapsiõli, pluss veel määrimiseks
- ⅔ tass Hollandi protsessiga kakaopulbrit, lisaks veel tolmu pühkimiseks
- 1 tass magustamata mandlipiima
- 1 spl värsket sidrunimahla
- 1¾ tassi universaalset jahu
- 2 tl söögisoodat
- 1 tl küpsetuspulbrit
- 1 tl soola
- 1½ tassi granuleeritud suhkrut
- 1 tass keedetud kohvi, kuum
- ½ tassi magustamata õunakastet
- 2 tl vaniljeekstrakti

TÄIDISEKS:
- 1 (21 untsi) purgi kirsipirukatäidis
- 1 spl mandli ekstrakti

KATTEKS: S
- 2 retsepti kookosevahukoor, jahutatud või 1 (8 untsi) konteiner poest ostetud
- Värsked või konserveeritud tumedad magusad kirsid, kaunistuseks (valikuline)
- 2 tassi riivitud piimavaba 70% tumedat šokolaadi, kaunistuseks (valikuline)

JUHISED:

a) Kuumuta ahi 350ºF-ni. Määri 2 (9-tollise) ümmarguse koogivormi põhi ja küljed ning puista kakaopulbriga.

TEE KOOK:

b) Segage klaasist mõõtetopsis piim ja sidrunimahl. Lase seista umbes 5 minutit.
c) Vahusta suures kausis jahu, kakaopulber, sooda, küpsetuspulber ja sool.
d) Sega keskmises kausis suhkur, piimasegu, kohv, õunakaste, õli ja vanill. Vahusta, kuni moodustub ühtlane, kuid õhuke tainas.
e) Jaga ühtlaselt ettevalmistatud koogivormide vahel, siludes pealsed, ja küpseta 30–35 minutit või kuni keskele torgatud hambaork tuleb puhtana välja.
f) Võta ahjust välja. Lase 15 minutit jahtuda, seejärel tõsta restidele täielikult jahtuma. Kata kilega ja pane külmkappi vähemalt 4 tunniks (kuni üleöö).

TEE TÄIDIS:

g) Sega keskmises kausis pirukatäidis ja mandli ekstrakt.
h) Lõika koogid horisontaalselt pooleks. Aseta 1 kiht tordialusele või taldrikule. Lisa õhuke kiht vahukoort ja tõsta peale pool täidisest.
i) Tõsta peale teine kiht kooki ja paks kiht (umbes ½ tolli) vahukoort.
j) Lisa veel üks kiht koogi ja pane peale ülejäänud täidis.
k) Aseta peale viimane koogikiht ja kasuta järelejäänud vahukoort. Kaunista kirsside (kui kasutad) ja šokolaadiga (kui kasutad).

85.Pumpkin Dump kook

KOOSTISOSAD:
- 30 untsi kõrvitsapirukapüree
- 2 linamuna
- 1 purk taimset piima
- ½ kasti kollase koogi segu
- 1 tass hakitud kreeka pähkleid
- ½ tassi taimset võid

JUHISED:
a) Kuumuta ahi 350 kraadi Fahrenheiti järgi.
b) Sega segisti abil põhjalikult kõrvitsapirukapüree ja taimne piim.
c) Valage koostisosad 11x7 või 8x8 pannile.
d) Klopi peale ½ kasti kuiva koogisegu.
e) Kõige peale lisa hakitud kreeka pähkleid ja ½ tassi sulatatud taimset võid.
f) Küpseta umbes 40 minutit.
g) Lase serveerimiseks jahtuda.

86.Sügavalt maitsev jääšokolaadikook

KOOSTISOSAD:
TOOGI JÄRGI
- 5 spl taimeõli, pluss veel määrimiseks
- 1½ tassi universaalset jahu
- 1 tass granuleeritud suhkrut
- ¼ tassi Hollandi protsessiga kakaopulbrit, lisaks veel tolmu eemaldamiseks
- 1 tl söögisoodat
- ½ tl soola
- 1 tass vett
- 1 tl valget äädikat
- 1 tl vaniljeekstrakti

KÜRMAKS
- Taimeõli, määrimiseks
- 2 tassi piimavabu poolmagusaid šokolaaditükke
- 1 (14 untsi) purk kondenseeritud kookospiima
- 1 tl vaniljeekstrakti
- ½ tassi šokolaadisiirupit ja vajadusel rohkem
- ¼ tassi vegan-šokolaadi puistad, kaunistuseks

JUHISED:

a) Kuumuta ahi temperatuurini 350 °F. Määrige 8x8-tolline küpsetusvorm.
b) Valmistage kook: segage suures kausis jahu, suhkur, kakaopulber, söögisooda ja sool. Lisa vesi, õli, äädikas ja vanill. Sega, kuni tükke ei jää.
c) Valage ettevalmistatud pannile ja küpsetage 30–35 minutit või kuni keskele torgatud hambaork jääb puhtaks. Võta ahjust välja. Lase 10 minutit jahtuda, seejärel tõsta 1 tunniks külmkappi.
d) Valmistage glasuur: määrige 8x8-tolline küpsetusvorm rasvaga ja vooderdage küpsetuspaberiga.
e) Kuumakindlas klaaskausis, mis on asetatud 2–3 tolli keeva veega täidetud poti kohale, kuumutage šokolaaditükke ja kondenspiima, sageli segades, umbes 5 minutit või kuni šokolaaditükid on sulanud ja täielikult piimaga segunenud. . Sega juurde vanill.
f) Tõsta ettevalmistatud pannile ja jahuta umbes 2 tundi või kuni see on täielikult jahtunud.
g) Vahusta elektrilise saumikseriga suures kausis jahtunud glasuurisegu ja šokolaadisiirup keskmisel kuumusel 5–10 minutit või kuni see muutub kohevaks. Kui glasuur on endiselt liiga paks, lisa veel siirupit, 1 supilusikatäis korraga.
h) Tõsta glasuur kotti, millel on suur tähtots ja glasuurroosid ridade kaupa, kuni kook on kaetud, või külmuta kook nihkelabida abil täielikult.
i) Kaunista puistadega. Tõsta serveerimiseni külmkappi.

KÜPSETAMATA KOOGID

87.Küpsetusvaba rummikook

KOOSTISOSAD:
- 2 tassi purustatud vanilje vahvleid
- 1 tass hakitud pekanipähklit
- 1 tass tuhksuhkrut
- ½ tassi soolata võid, sulatatud
- ¼ tassi tumedat rummi
- Kaunistuseks vahukoor (valikuline)

JUHISED:
a) Sega kausis kokku purustatud vanilje vahvlid, hakitud pekanipähklid, tuhksuhkur, sulavõi ja tume rumm.
b) Segage, kuni koostisosad on täielikult segunenud.
c) Suru segu võiga määritud 9-tollisse vedruvormi või ristkülikukujulisse nõusse.
d) Tõsta vähemalt 2 tunniks külmkappi, et kook tarduks.
e) Enne serveerimist kaunista soovi korral vahukoorega.

88. Küpsetusvaba seitsmekihiline kook

KOOSTISOSAD:
- 1 pakk Graham kreekerid
- 1 tass soolata võid, sulatatud
- 1 tass hakitud kookospähklit
- 1 tass hakitud pähkleid (nt kreeka pähklid, pekanipähklid)
- 1 tass šokolaaditükid
- 1 tass võileivakrõpse
- 1 tass magustatud kondenspiima

JUHISED:
a) Vooderda ristkülikukujulise nõude põhi grahami kreekeritega.
b) Sega kausis sulatatud või, hakitud kookospähkel, hakitud pähklid, šokolaaditükid, võitükitükid ja magustatud kondenspiim, kuni need on hästi segunenud.
c) Määri kiht segu grahami kreekeritele.
d) Korrake Graham kreekerite ja segu kihte, kuni kõik koostisosad on kasutatud, lõpetades segukihiga.
e) Tõsta vähemalt 4 tunniks või üleöö külmkappi, et kook tarduks.
f) Viiluta ja naudi maitsvat küpsetamata seitsmekihilist kooki.

89.Küpsetusvaba šokolaadikreemikook

KOOSTISOSAD:
- 2 pakki šokolaadi võileivaküpsiseid
- ½ tassi soolata võid, sulatatud
- 2 tassi rasket koort
- ¼ tassi tuhksuhkrut
- 1 tl vaniljeekstrakti
- Kaunistuseks šokolaadilaastud või kakaopulber (valikuline)

JUHISED:
a) Purusta šokolaadivõileivaküpsised köögikombaini abil või suletavasse kilekotti asetades ja taignarulliga purustades peeneks puruks.
b) Sega segamisnõus küpsisepuru ja sulatatud või, kuni segu meenutab märga liiva.
c) Suru küpsisegu võiga määritud vedruvormi põhja, et tekiks koorik. Aseta külmkappi jahtuma.
d) Vahusta eraldi segamiskausis koor, tuhksuhkur ja vaniljeekstrakt, kuni moodustuvad tugevad piigid.
e) Määri kiht vahukoort jahtunud küpsisepõhjale.
f) Korrake sama teise küpsisepuru ja vahukoorega, kuni kõik koostisosad on kasutatud, lõpetades vahukoorekihiga.
g) Tõsta kooki külmkappi vähemalt 4 tunniks või kuni taheneb.
h) Enne serveerimist kaunista šokolaadilaastudega või puista soovi korral kakaopulbriga.
i) Tükeldage ja nautige seda dekadentlikku küpsetamisvaba šokolaadi-koorekooki!

90.Küpsetamiseta puuviljakook

KOOSTISOSAD:
- 2 tassi segatud kuivatatud puuvilju (nagu rosinad, jõhvikad, hakitud datlid ja aprikoosid)
- ½ tassi soolamata võid
- ½ tassi pruuni suhkrut
- ½ tassi õuna- või apelsinimahla
- 2 tassi purustatud Graham kreekereid või vanilje vahvleid
- ½ tassi hakitud pähkleid (nt kreeka pähkleid või mandleid)
- ½ tassi hakitud kookospähklit
- 1 tl jahvatatud kaneeli
- ½ tl jahvatatud muskaatpähklit
- ¼ tl jahvatatud nelki
- ¼ teelusikatäit soola
- ½ tassi tuhksuhkrut (puistamiseks)

JUHISED:
a) Sega kastrulis segatud kuivatatud puuviljad, või, pruun suhkur ja õuna- või apelsinimahl.
b) Kuumuta segu keskmisel kuumusel pidevalt segades keemiseni.
c) Alanda kuumust ja hauta aeg-ajalt segades 5 minutit.
d) Tõsta kastrul tulelt ja lase segul mõni minut jahtuda.
e) Segage suures segamiskausis purustatud grahami kreekerid või vanilje vahvlid, hakitud pähklid, hakitud kookospähkel, jahvatatud kaneel, jahvatatud muskaatpähkel, jahvatatud nelk ja sool.
f) Vala jahtunud puuviljasegu kuivainete segule. Segage, kuni see on hästi segunenud.
g) Vooderda pätsivorm või koogivorm kile- või küpsetuspaberiga, jättes veidi üleliigset külgedele rippuma.
h) Tõsta puuviljakoogisegu ettevalmistatud pannile, surudes see tugevalt alla.
i) Voldi üleliigne kile- või küpsetuspaber koogi peale.
j) Hoia puuviljakooki külmkapis vähemalt 4 tundi või üleöö.
k) Enne serveerimist eemalda kook vormist ja puista üle tuhksuhkruga.
l) Viilutage ja nautige seda niisket ja maitsvat küpsetamata puuviljakooki!

91. Küpsetamatu Matzoh kihiline kook

KOOSTISOSAD:
- 4-6 tükki šokolaadimatzohi
- 2 tassi vahukoort või vahukoort
- 1 tass puuviljakonserve (nagu vaarikas või maasikas)
- Värsked marjad kaunistuseks (valikuline)

JUHISED:
a) Aseta kiht matsutükke ühe kihina serveerimisvaagnale või taldrikule.
b) Määri matsule kiht vahukoort või vahukoort.
c) Laota vahukoorekihi peale kiht puuviljahoidiseid.
d) Korrake kihte, kuni koostisosad on otsas, lõpetades vahukoorekihiga.
e) Pane matsu kihiline kook külmkappi vähemalt 4 tunniks või üleöö, et mats pehmeneks.
f) Enne serveerimist kaunista soovi korral värskete marjadega.
g) Viiluta ja naudi seda maitsvat ja ainulaadset küpsetamata matzohi kihilist kooki!

92. Küpsetusvaba kirsikreemi kook

KOOSTISOSAD:
- 2 tassi grahami kreekeripuru
- ½ tassi soolata võid, sulatatud
- 2 (8 untsi) pakki toorjuustu, pehmendatud
- 1 tass tuhksuhkrut
- 1 tl vaniljeekstrakti
- 1 tass koort, vahustatud
- 1 (21 untsi) purgi kirsipirukatäidis

JUHISED:

a) Sega keskmises kausis Grahami kreekeripuru ja sulatatud või. Sega, kuni puru on ühtlaselt võiga kaetud.

b) Suru purusegu 9-tollise vedruvormi põhja, luues ühtlase kihi. Aseta pann täidise valmistamise ajaks külmkappi jahtuma.

c) Vahusta toorjuust suures segamiskausis ühtlaseks ja kreemjaks vahuks.

d) Lisage toorjuustule tuhksuhkur ja vaniljeekstrakt ning jätkake vahustamist, kuni see on hästi segunenud.

e) Sega õrnalt sisse vahukoor.

f) Vala toorjuustusegu vedruvormi jahtunud koorikule ja aja ühtlaselt laiali.

g) Tõsta lusikaga kirsipirukatäidis toorjuustusegule, aja laiali, et tekiks kiht.

h) Kata pann kilega ja pane vähemalt 4 tunniks või üleöö külmkappi tahenema.

i) Kui see on tahenenud, eemaldage vedruvormi küljed ja viilutage kook serveerimiseks. Nautige maitsvat küpsetamiseta kirsikreemi kooki!

93.Küpsetusvaba mangokookoskook

KOOSTISOSAD:
- 2 tassi grahami kreekeripuru
- 1 tass magustamata hakitud kookospähkel
- 1 tass mangopüreed
- 1 tass vahukoort
- ½ tassi kondenspiima
- ¼ tassi sulatatud võid
- Kaunistuseks värsked mangoviilud

JUHISED:
a) Segage segamisnõus Grahami kreekeripuru, riivitud kookospähkel ja sulatatud või. Sega, kuni puru on kaetud.
b) Suru pool purusegust ümmarguse koogivormi või koogivormi põhja, et tekiks koorik.
c) Eraldi kausis sega mangopüree ja kondenspiim ühtlaseks seguks.
d) Sega vahukoor mangosegu hulka ühtlaseks massiks.
e) Kalla mangosegu koogivormi koorele.
f) Kaunistuseks puista peale ülejäänud purusegu.
g) Hoia külmkapis vähemalt 4 tundi või kuni taheneb.
h) Enne serveerimist kaunista värskete mangoviiludega.

94.Küpsetamiseta maapähklivõi šokolaadikook

KOOSTISOSAD:
- 2 tassi šokolaadi vahvliküpsiseid, purustatud
- 1 tass kreemjat maapähklivõid
- 1 tass tuhksuhkrut
- 1 tass vahukoort
- ½ tassi sulatatud šokolaadi niristamiseks
- Kaunistuseks purustatud maapähklid

JUHISED:
a) Sega kausis kokku purustatud šokolaadiküpsised, maapähklivõi, tuhksuhkur ja vahukoor. Segage, kuni see on hästi segunenud.
b) Suru pool segust ümmarguse koogivormi või koogivormi põhja, et tekiks koorik.
c) Määri koorikule kiht sulašokolaadi.
d) Vala ülejäänud maapähklivõisegu šokolaadikihile.
e) Kaunistusena nirista peale sulašokolaadi.
f) Puista koogile purustatud maapähkleid.
g) Hoia külmkapis vähemalt 4 tundi või kuni taheneb.

95.Küpsetusvaba maasika limonaadikook

KOOSTISOSAD:
- 2 tassi grahami kreekeripuru
- 1 tass sulatatud võid
- 1 tass maasikapüreed
- 1 tass vahukoort
- ½ tassi tuhksuhkrut
- 2 sidruni koor
- Kaunistuseks värsked maasikad

JUHISED:
a) Sega segamisnõus Grahami kreekeripuru ja sulatatud või. Sega, kuni puru on kaetud.
b) Suru pool purusegust ümmarguse koogivormi või koogivormi põhja, et tekiks koorik.
c) Segage eraldi kausis maasikapüree, vahukoor, tuhksuhkur ja sidrunikoor, kuni need on hästi segunenud.
d) Kalla maasikasegu koogivormi koorele.
e) Määri segu ühtlaselt laiali ja silu pealt.
f) Hoia külmkapis vähemalt 4 tundi või kuni taheneb.
g) Enne serveerimist kaunista värskete maasikatega.

96.Küpsetamiseta küpsiste murenemise juustukook

KOOSTISOSAD:
- 2 tassi küpsisepuru
- ½ tassi soolata võid, sulatatud
- 16 untsi toorjuustu, pehmendatud
- 1 tass tuhksuhkrut
- 1 tl vaniljeekstrakti
- 1 tass rasket koort
- Kaunistuseks küpsisepuru (valikuline)

JUHISED:
a) Sega segamisnõus küpsisepuru ja sulatatud või. Sega, kuni puru on ühtlaselt kaetud.
b) Kooriku moodustamiseks suruge segu võiga määritud või vooderdatud 9-tollise vedruvormi põhja.
c) Aseta täidise valmistamise ajaks külmkappi jahtuma.
d) Vahusta eraldi segamiskausis toorjuust, tuhksuhkur ja vaniljeekstrakt ühtlaseks ja kreemjaks vahuks.
e) Teises kausis vahusta koor, kuni moodustuvad tugevad piigid.
f) Sega vahukoor õrnalt toorjuustusegu hulka, kuni see on täielikult segunenud.
g) Kalla täidis ettevalmistatud koorikule, aja see ühtlaselt laiali.
h) Soovi korral puista peale veel küpsisepuru.
i) Tõsta juustukooki külmkappi vähemalt 4 tunniks või kuni taheneb.
j) Tükeldage ja serveerige seda mõnusat küpsetamata küpsiste murenevat juustukooki!

97. Küpsetamatu ananassi šifooni juustukook

KOOSTISOSAD:
- 1 ½ tassi grahami kreekeripuru
- ¼ tassi soolata võid, sulatatud
- 8 untsi kerget toorjuustu, pehmendatud
- ½ tassi tuhksuhkrut
- 1 purk (20 untsi) purustatud ananassi, nõrutatud
- 1 tass vahukoort (nt Cool Whip või omatehtud vahukoor)

JUHISED:
a) Sega segamisnõus Grahami kreekeripuru ja sulatatud või. Sega, kuni puru on ühtlaselt kaetud.
b) Kooriku moodustamiseks suruge segu rasvaga määritud või vooderdatud 9-tollise pirukavormi põhja. Aseta täidise valmistamise ajaks külmkappi jahtuma.
c) Vahusta eraldi segamisnõus hele toorjuust ja tuhksuhkur ühtlaseks ja kreemjaks vahuks.
d) Voldi hulka nõrutatud purustatud ananass ja vahustatud kate, kuni see on hästi segunenud.
e) Kalla täidis ettevalmistatud koorikule, aja see ühtlaselt laiali.
f) Tõsta juustukooki külmkappi vähemalt 4 tunniks või kuni taheneb.
g) Viiluta ja naudi seda kerget ja värskendavat küpsetamata ananassi šifoonist juustukooki!

98.Küpsetusvaba munajuustukook

KOOSTISOSAD:

- 1 ½ tassi piparküpsisepuru
- ¼ tassi soolata võid, sulatatud
- 16 untsi toorjuustu, pehmendatud
- 1 tass tuhksuhkrut
- 1 tl vaniljeekstrakti
- ½ tl jahvatatud muskaatpähklit
- ½ tassi munakooki
- Kaunistuseks vahukoor ja jahvatatud muskaatpähkel (valikuline)

JUHISED:

a) Sega kausis piparküpsisepuru ja sulatatud või. Sega, kuni puru on ühtlaselt kaetud.

b) Kooriku moodustamiseks suruge segu võiga määritud või vooderdatud 9-tollise vedruvormi põhja. Aseta täidise valmistamise ajaks külmkappi jahtuma.

c) Vahusta eraldi segamisnõus toorjuust, tuhksuhkur, vaniljeekstrakt ja jahvatatud muskaatpähkel ühtlaseks ja kreemjaks vahuks.

d) Lisage munakook järk-järgult toorjuustu segule, vahustage, kuni see on hästi segunenud.

e) Kalla täidis ettevalmistatud koorikule, aja see ühtlaselt laiali.

f) Tõsta juustukooki külmkappi vähemalt 4 tunniks või kuni taheneb.

g) Enne serveerimist kaunista soovi korral vahukoore ja jahvatatud muskaatpähkliga.

h) Tükeldage ja nautige seda pidulikku ja maitsvat küpsetamata munakoogist juustukooki!

99.No-Bake Philly suvejuustukook

KOOSTISOSAD:
- 2 tassi grahami kreekeripuru
- ½ tassi soolata võid, sulatatud
- 2 (8 untsi) pakki toorjuustu, pehmendatud
- 1 tass tuhksuhkrut
- 1 tl vaniljeekstrakti
- 1 tass rasket koort
- ¼ tassi värsket sidrunimahla
- 1 sidruni koor
- Lisandiks teie valitud värsked marjad või puuviljad

JUHISED:
a) Sega keskmises kausis Grahami kreekeripuru ja sulatatud või. Sega, kuni puru on ühtlaselt võiga kaetud.
b) Suru purusegu 9-tollise vedruvormi põhja, luues ühtlase kihi. Aseta pann täidise valmistamise ajaks külmkappi jahtuma.
c) Vahusta toorjuust suures segamiskausis ühtlaseks ja kreemjaks vahuks.
d) Lisage toorjuustule tuhksuhkur ja vaniljeekstrakt ning jätkake vahustamist, kuni see on hästi segunenud ja kohev.
e) Vahusta koor eraldi kausis, kuni moodustuvad tugevad piigid.
f) Sega vahukoor õrnalt toorjuustusegu hulka.
g) Lisa täidisele värske sidrunimahl ja sidrunikoor ning voldi, kuni kõik on hästi segunenud.
h) Eemaldage vedruvorm külmkapist ja valage täidis Grahami kreekerikoorele, siludes pealt spaatliga.
i) Kata pann kilega ja pane vähemalt 4 tunniks või üleöö külmkappi tahenema.
j) Enne serveerimist eemalda ettevaatlikult vedruvormi küljed.
k) Kata juustukook oma valitud värskete marjade või puuviljadega.
l) Tükelda ja serveeri jahtunult. Nautige!

100.Küpsetamatu aprikoosi šifooni juustukook

KOOSTISOSAD:
- 2 tassi grahami kreekeripuru
- ½ tassi soolata võid, sulatatud
- 1 (8 untsi) pakend toorjuustu, pehmendatud
- ½ tassi tuhksuhkrut
- 1 tl vaniljeekstrakti
- 1 tass koort, vahustatud
- 1 tass aprikoosikonservi
- 1 spl želatiini
- ¼ tassi vett

JUHISED:
a) Grahami kreekerikoore ja toorjuustutäidise valmistamiseks järgige eelmise retsepti samme 1–6.
b) Piserdage želatiin väikeses mikrolaineahjus kasutatavas kausis vee peale ja laske 5 minutit seista, et see pehmeneks.
c) Küpseta želatiinisegu mikrolaineahjus umbes 20 sekundit või kuni želatiin on täielikult lahustunud. Lase veidi jahtuda.
d) Vahusta koor eraldi kausis, kuni moodustuvad pehmed tipud.
e) Sega vahukoor õrnalt toorjuustusegu hulka.
f) Kalla jahtunud želatiinisegu vähehaaval pidevalt voltides toorjuustusegu hulka.
g) Määri aprikoosikonservid Grahami kreekerikoore peale.
h) Vala toorjuustusegu hoidistele, ajades ühtlaselt laiali.
i) Kata pann kilega ja pane vähemalt 4 tunniks või üleöö külmkappi tahenema.
j) Kui see on hangunud, eemaldage vedruvormi küljed ja viilutage juustukook serveerimiseks. Nautige kohevat ja mõnusat küpsetamata aprikoosi šifooni juustukooki!

KOKKUVÕTE

Kui lõpetame oma teekonna läbi "Parimad looduslikud koogid kokaraamat", loodan, et teie küpsetustöö on olnud maitse ja heaolu veetlev suland. See kokaraamat on enamat kui juhend; see on rõõm, mis tuleneb maitsvatest looduslikest koostisosadest valmistatud kookide maitsmisest.

Aitäh, et liitusite minuga selles loodusliku magususe ja terviseteadliku mõnulemise uurimisel. Saagu teie avastatud retseptid teie küpsetamisrepertuaari hinnaliseks osaks, täites teie kodu tervisliku headuse aroomiga. Kui naudite viimast viilu oma hoolikalt valmistatud naturaalsest koogist, olgu see magus meeldetuletus, et küpsetamine võib olla nii pidu kui ka toitev kogemus.

Siin on rõõm tervislikust küpsetamisest, rõõm nautida loomulikku magusust ja kestev rõõm luua kooke, mis on teie hingele sama head kui maitsemeeltele. Head küpsetamist ja mõnulemist!

Printed by BoD"in Norderstedt, Germany